鈔票的藝術

走進美學與人文的祕密花園

莊銘國、呂松穎 編著

五南圖書出版公司 印行

莊序

　　「暢遊天下名山大川，廣交天下英雄豪傑；博覽天下奇聞雋語，瀚書天下悲歡離合」是我一生職志。有機會參訪世界百國以上，因緣際會蒐集了各國鈔票，也因此結交不少摯友，當他們行走不同國度，也會幫我留意值得收藏的鈔票，若干早期外鈔也透過郵幣社購入，日積月累，益見豐碩。一向喜歡看有關鈔票的書，因此累積了一定的知識，加上運用網路無盡的寶藏，特別是：

　　(1) 世界紙鈔網（中國）http://www.ybnotes.com/

　　(2) 世界の紙幣（日本）http://www23.ocn.be.jp/%7Euemura

　　(3) Southern African Paper Money（南非）

　　　　http://members.xoom.com/papermoney/index.htm

　　(4) NEAL's Collectable Currency（美國）

　　　　http://members.AOL.com/NCCurrency/Currency.html

　　(5) AA NOTES Collectable Paper Money Site（英國）

　　　　http://www.aanotes.com/collecting/banknotes/frameset.htm

　　(6) E-Worldbanknotes.com（加拿大）

　　　　http://www.e-worldbanknotes.com

我從這些網站中獲取豐厚的知識，才得以從收藏鈔票進階到研究鈔票，謹此致萬分謝意。

承五南圖書出版公司之厚愛，出版相關系列書籍。在地區別方面，已出版有歐洲鈔票故事館（本書榮獲臺北市立圖書館票選為十大好書）、亞洲鈔票故事館（2015 年 8 月出版）、非洲鈔票故事館（2016 年 4 月出版），待出版有美洲及大洋洲鈔票故事館。在主題別方面，已出版有：《典藏鈔票異數》（特殊鈔票，榮獲新聞局第 29 次優良課外讀物）、《遇見鈔票》（以新台幣與世界相關鈔票類比，曾獲金鼎獎殊榮）、《數字看天下》（用鈔票尋求國際觀，並以數字佐證，曾名列博客來網路暢銷書第一名，一度賣到缺貨），再來就是本書──《鈔票的藝術》（以藝術鈔票為主）。當然，行有餘力可以延伸不同主題鈔票的專書，例如人物、動物、植物、建築等等，希望假以時日能一一成書。

本書《鈔票的藝術》分成四大類：其一，賞心篇──以平面的繪畫、立體的雕塑及藝術家群像為主題，可以用心去感受藝術的美妙，領略其中內容及意境，並對藝術家生平約略有所了解。其二，悅目篇──這部份選出的鈔票，有作者個人偏好、有網路票選佳作、有行家推介、有世界級紙鈔協會 (IBNS) 所精選年度風雲鈔票。其三，舞蹈篇──從靜止的繪畫、雕塑，由靜轉動，將色彩與線條注入靈魂，顯現生動活潑的形象。其四，文學篇──除以上實體可視的藝術品，更可直接將詩詞置入鈔票，甚至透過鈔票的設計表現高遠的意境。我期待藉由本書與大家分享這些美的化身，達到知性與感性交融的境界。

「世界鈔票特展」先後受邀在臺北的台北故事館、國父紀念

館、中央銀行券幣數位博物館 (http://museum.cbc.gov.tw/)；高雄的科學工藝館、新光三越百貨左營店；彰化溪州的花博會、永豐銀行彰化分行、建國科大展示館、大葉大學國企走廊展出，鈔鈔爭奇鬥艷，票票精采絕倫，其中以「藝術鈔票」最讓與會者駐足良久，成為矚目焦點，並且垂問有加。

　　一直想著手撰寫《鈔票的藝術》一書，但自愧藝術的天賦與素養尚嫌不足，致遲遲不敢動筆。也許是老天眷顧，也許是人生巧遇，本人除在大學任教外，常應聘四處演講，有次到「國家文官學院」授課，還記得講題是「創意思考及問題解決模式」，共計6小時，中午餐會安排與學員代表同桌，與我鄰座者一經交談，方知名叫「呂松穎」，是臺灣師範大學美術研究所博士，高考及格，任職臺南市文化局，相談甚歡。我們由相遇、相交、相知到共同出書，兩者合作，產生綜效，這真是一樁美妙之事啊！

　　所謂「外行看熱鬧，內行看門道」，黑格爾曾說：「美的形象豐富多彩，美也到處出現，人類本性中有著偏愛美的要求。」在〈賞心篇〉你可以細細品味鈔票上藝術家凝聚智慧和感情的創作，體會其中奧妙。在繪畫作品上，展現色彩、形狀、構圖，畫出瑰麗畫面，顯示立體感、高質感、遠近感，創造出精緻或粗獷、素雅或華麗、簡潔或繁複等不同情境，在明亮的畫布上顯現栩栩如生的美感。在雕塑作品上，它是立體藝術品，不似平面繪畫，向四方八面發散，並用不同材質（木料、石材、金屬、玻璃、陶瓷）賦予各種造形，使內心產生對美的嚮往，進而增強欣賞能力，昇華對美的感受；在〈悅目篇〉，對外形美觀的鈔票，深深品嘗咀嚼，處處撼動人心，兩大單元交錯比較，用心思索，自然會打

開雄偉壯闊的思維。

　　很多先進的行業為了培養員工美學的涵養，常在公司內部舉辦美學相關講座、展覽，甚至在走道、餐廳、樣品室、會議室定期放上藝術品，姑稱之「情境管理」，就是希望增強美學的敏感度。業者發現美感不足會影響設計，而產品設計的美醜會影響使用者的態度，如「蘋果電腦」其產品有兩種白色，一是象牙白，一是冷白：象牙白多了一點暖色，看起來溫暖些，而冷白色調具有現代感，較無情感。又像「亞曼尼」服裝，產品透露出的美，其實就是把生命中有很多感覺，如視覺、聽覺、嗅覺、觸覺、品味，融入其中，讓你愛不釋手。可以說沒有美的敏感度，未來將無競爭力。

　　期待本書的讀者在輕鬆愉快的閱讀中，由這些經典作品和藝術家，帶您去感受、去體會、去共鳴，如同進入寶山，滿載而歸。

　　不知不覺已逾七十大關，千帆看盡。家中掛著一幅字：「老身要健、老伴要親、老本要保、老家要顧、老趣要養、老友要聚、老書要看、老天要謝。」研究各國鈔票就當「老趣要養」，當走到人生的盡頭，過個無悔的人生。印度泰戈爾名言：Let life be beautiful like Summer flowers and death like Autumn leaves.（人生如夏花之燦爛，死如秋葉之靜美）吾心戚戚焉。

附記

1. 除了繪畫及雕塑的鈔票外，在最後另選出動態之美的舞蹈鈔票，和靜態之美的文學鈔票，謹供品味鑑賞。
2. 上述繪畫、雕塑、舞蹈相關鈔票均依歐洲、亞洲、美洲（大洋洲）及非洲順序排列，國家則依英文字母之先後順序。

呂序

鈔票不只是鈔票，它還是充滿美感的藝術品。

英格蘭銀行 (Bank of England) 在 2015 年宣布，新版的 20 英鎊將以藝術家做為鈔票上的人物肖像，它廣邀民眾提名心目中最能代表英國的藝術家，來彰顯英國在視覺藝術領域的成就。如同英格蘭銀行行長卡尼 (Mark Carney) 所說：「這些薄薄的紙片，從 17 世紀發展迄今，已經成為每個人錢包裡的小型藝術品。(These sparse pieces of paper from the 17th century have developed over the years to become the small works of art that are in everyone's wallets.)」鈔票宛若流通最廣的藝術品，在每個人的生活周遭，無所不在。

許多國家也意識到鈔票的藝術教育意義，將自己國家的藝術家、藝術品印在鈔票上，讓國民可以更深入地認識自己的文化。例如擁有悠久藝術傳統的法國，曾經在不同年份的 100 法郎，分別印製知名畫家德拉克洛瓦 (Eugène Delacroix) 與塞尚 (Paul Cézanne) 的肖像和作品，這除了代表政府對藝術家地位的肯定，也讓作品的形象深印在國民腦海裡。我們的亞洲鄰國，如日本、韓國、新加坡等，也都曾經以藝術家、畫作或是文物做為鈔票主

題。鈔票成為最便利的美術史教材。

　　其中，最幸運的藝術家，當屬法羅群島的畫家海內森 (Zacharias Heinesen)。法羅群島是丹麥的海外屬地，丹麥政府大膽採用海內森的風景水彩作品，發行了一系列不同面額的鈔票。其中，1,000 克朗還曾獲選為世界紙幣協會 (IBNS) 的年度鈔票。這套鈔票，宛若海內森的水彩畫精選集，讓世人看到他的藝術成就，也讓一個小小的群島躍上世界的舞臺。我有時會想，如果臺灣的鈔票，有一天也能以藝術品作為主題，甚至獲選為世界紙幣協會的年度鈔票，那將是多麼振奮人心的事情！

　　鈔票的設計，除了題材的選擇，還牽涉到造形重組、色彩搭配、印刷技術、防偽功能等元素，自成美學系統。許多設計者會重新詮釋，轉化藝術作品的圖像，在紙幣的方寸之間，將各種元素熔於一爐。例如比利時 1998 年版的 500 法郎，將馬格利特 (René Magritte) 的肖像和他歷年的代表作品巧妙運用，甚至融入設計者的巧思和幽默感，也呼應了馬格利特超現實畫風的特色，匠心獨具。

　　在繁忙的公務之餘，撰寫本書帶給我很大的樂趣。我彷彿透過這些鈔票的研究，環遊世界，認識各地的風土民情。許多國家的藝術史研究，例如亞美尼亞、馬其頓、葉門等國的藝術史，都是我較為陌生的領域，很多時候必須借助網路資源來進行研究，有時我苦尋不著資料，甚至會寫信去詢問收藏機構。我曾經幸運地收到哥斯大黎加國家劇院 (The Teatro Nacional de Costa Rica) 和保加利亞國家美術館 (The National Art Gallery) 的回信，他們和我素昧平生，卻仍願意提供協助，令人感到溫暖。本書力有未

逮之處，還望見諒，希望能無礙讀者欣賞鈔票之美。

很感謝莊銘國教授的賞識，2013 年接受公務人員訓練的偶遇，讓我認識了鈔票收藏這個博大精深的領域。莊教授收藏甚豐，博學多聞，而且致力於鈔票的研究。他慷慨分享對鈔票的知識與見解，並且勉勵我發揮所長，以深入淺出的方式介紹鈔票藝術，讓本書能夠雅俗共賞。

藝術的世界，絢爛而美麗，鈔票也能是我們欣賞藝術的途徑之一。我有時會想起蔡肇祺先生的詩句：「達人心在物之外」。一個人倘若能夠超脫於物外，相信將能看到不一樣的世界，那是多麼令人嚮往的心境。鈔票承載了一個國家的文化、歷史與價值觀，同時蘊藏了豐富的美學，值得細細品味。祝福讀者也能在鈔票之外，看到更美麗的世界。

Contents

壹

賞心篇

看名畫 ‧ 賞雕塑 ‧ 一鈔一世界

一、平面繪畫

歐洲
Europe

❶ 奧地利 (Austria)‧ 畫家莫里茲

　　奧地利 20 先令 (Schilling，圖 1-1) 正面為水彩畫家莫里茲‧達芬格 (Moritz Daffinger, 1790-1849)，出生於維也納，是瓷器畫家約翰‧利奧波德‧達芬格 (Johann Leopold Daffinger) 之子，其代表作為：《伯爵夫人》、《拿破崙‧波拿巴‧弗朗茨》。

❖ 圖 1-1 奧地利 20 先令鈔票

❷ 白俄羅斯 (Belarus) · 北國花開

❖ 圖 1-2 白俄羅斯 1,000,000 盧布鈔票

❖ 圖 1-3 伊萬 · 赫魯茨基，《夫人與水果》，1838 年，油彩畫布，
80.2cm×112cm，收藏於白俄羅斯美術館 (National Arts Museum of
the Republic of Belarus)

白俄羅斯在 1999 年發行的 1,000,000 盧布 (Ruble，圖 1-2) 大面額紙鈔上，選擇了優雅的靜物畫做為圖案，在繁複華麗的靜物之中，流露出貴族獨特的生活品味。

紙鈔的圖案擷取自《夫人與水果 (Portrait of an Unknown Woman with Flowers and Fruit)》這幅油畫作品的局部（圖 1-3），這是由波蘭裔的俄羅斯畫家伊萬 · 赫魯茨基 (Ivan Khrutsky, 1810-1885) 於 1838 年所作，作品收藏於明斯克 (Minsk) 的白俄羅斯美術館 (National Arts Museum of the Republic of Belarus)。

在寒冷的北國裡，只有王公貴族等富貴人家，才能在宅第裡擺設雕工精緻的花瓶、插上盛開豔麗的花朵。畫中金碧輝煌的高腳盤，盛滿水蜜桃、葡萄，桌上也擺滿許多稀罕的水果，在豐饒的景象中，傳達出花開富貴的吉祥寓意。

❸ 比利時 (Belgium) · 歐斯通德海水浴場

比利時 100 法郎 (Franc) 的背面（圖 1-5），印有比利時畫家恩索爾 (James Ensor, 1860-1949) 創作的蝕刻版畫作品《歐斯通德海水浴場 (Les Bains à Ostende)》的局部場景。恩索爾是影響表現主義 (Expressionism) 和超現實主義 (Surrealism) 的重要畫家。他常常會描繪一些面具、骷髏頭、嘉年華，或是寓言故事等奇異的主題。

《歐斯通德海水浴場》這件作品（圖 1-6）原為私人收藏，後來被政府歸類為重要的文化資產，並以 133 萬歐元的價錢買下它。歐斯通德（荷蘭語 Oostende、法語 Ostende、英語 Ostend）是位於比利時西佛蘭

德省 (West Flanders) 的一座城市，人口雖然不多，卻有優美的海灘。在這件作品裡，恩索爾以即興的寫意筆法，畫出帶有戲謔與嘲諷寓意的海水浴場景象，刻劃人生百態，饒富意味。

❖ 圖 1-4 比利時 100 法郎鈔票正面

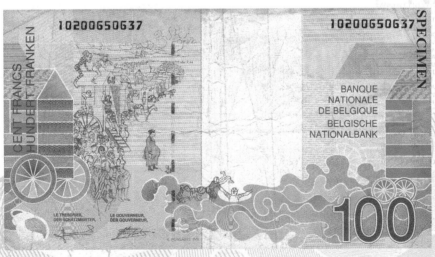

❖ 圖 1-5 比利時 100 法郎鈔票背面

❖ 圖 1-6　恩索爾，《歐斯通德海水浴場》，1899 年，蝕刻版畫，21.3cm×
26.8cm，收藏於比利時根特美術館 (Museum voor Schone Kunsten Gent)

❹ 比利時 (Belgium) · 馬格利特的超現實世界

　　比利時畫家馬格利特 (René Magritte, 1898-1967) 是超現實畫派的代
表人物，其畫作有著天馬行空的想像力，讓觀眾可以跟著他筆下的奇幻
景物，奔馳在想像的世界裡。在比利時 1998 年版 500 法郎印有馬格利
特的肖像（圖 1-7），鈔票上還融合轉化了許多馬格利特畫作中的經典
元素，例如鈔票背面許多西裝革履的紳士（圖 1-8），是擷取自《嘎貢
達 (Golconda)》這幅油畫作品（圖 1-9），畫中成千上萬的紳士，彷彿
雨滴般地從天而降。

此外，讀者是否有注意到，畫家肖像的陰影有什麼不尋常的地方？原來，鈔票的設計者開了畫家一個小玩笑，在他的肖像陰影裡加了一個圓頂硬禮帽。這種令人會心一笑的小幽默，也許正是超現實畫派迷人之處。

❖ 圖 1-7 比利時 500 法郎鈔票正面

❖ 圖 1-8 比利時 500 法郎鈔票背面

❖ 圖 1-9　馬格利特，《嘎貢達》，1953 年，油畫，81cm×100cm，收藏於
　　美國休士頓梅尼勒美術館 (Menil Collection, Houston)

❺ 比利時 (Belgium)‧畫家培梅克

　　培梅克 (Constant Permeke, 1886-1952) 是出生於比利時歐斯通德港的畫家，臺灣高雄市立美術館在 1995 年時，曾經與當時的比利時歐斯通德現代美術館（Provinciaal Museum voor Moderne Kunst，現已併入 Mu.ZEE 博物館）、培梅克美術館共同主辦了「培梅克回顧展」。

　　比利時的 1,000 法郎正面印有他的肖像（圖 1-10），背景是他描繪的帆船作品。鈔票背面左側橫躺的人物十分醒目（圖 1-11），這是培梅克 1928 年的素描作品《熟睡的農夫 (Sleeping Peasant)》（圖 1-12）。他的畫風受到印象派 (Impressionism)、野獸派 (Fauvism)、表現主義 (Expressionism)、立體派 (Cubism)、原始主義 (Primitivism) 等各種風格的影響，擅長利用誇張、簡化的造型，來凸顯畫中的人物或風景的特色。這張作品與一般常見的小幅速寫作品不同，雖然是素描，卻把它當成完整的創作，作品頗大張，畫中橫躺的農夫姿態自若，畫家刻意放大農夫的手掌和腳掌，那厚實的手腳正是農夫辛勤勞動的象徵。

❖ 圖 1-10 比利時 1,000 法郎鈔票正面

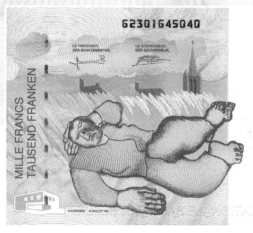

❖ 圖 1-11 比利時 1,000 法郎鈔票背面

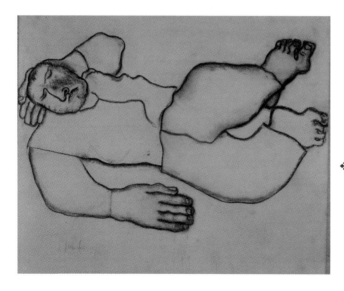

❖ 圖 1-12 培梅克，
《熟睡的農夫》，
1928 年，炭筆素
描，129.2cm×
151cm，收藏於
比利時根特美術
館

❻ 比利時 (Belgium)‧畫家康斯坦丁

比利時 500 法郎正面（圖 1-13）為畫家兼雕塑家的康斯坦丁‧麥尼埃 (Constantin Meunier, 1831-1905)，代表作為：《煤礦工人》。其重要貢獻是將工業引入現代藝術，包括碼頭工人和礦工的形象，作為現代性的象徵。從他的作品中，反映出那時代的工業、社會和政治發展，同時也代表了人對世界慈悲與堅定的看法。

❖ 圖 1-13 比利時 500 法郎鈔票正面

❼ 保加利亞 (Bulgaria) · 畫家米勒夫

　　保加利亞的 5 列弗 (Leva)，鈔票正面（圖 1-14）是保加利亞畫家伊凡 · 米勒夫 (Ivan Milev, 1897-1927) 的肖像，以及他的油畫作品《藝術與帶刺的王冠 (Art and the Crown of Thorns)》之局部。鈔票背面（圖 1-15）是米勒夫油畫作品的局部，融合了《收穫者 (Harvester)》（圖 1-16）、《保加利亞聖母畫像 (The Bulgarian Madonna)》、《龍的婚禮 (Wedding of the Dragon)》等作品。

　　從米勒夫的畫作中，可以感受到他的作品在前衛中又融入具有地方特色的裝飾風格。他從農村生活與民間傳統中尋找靈感，所以他作品裡的一些主題與造形，具有濃厚的保加利亞在地特色。他同時運用簡約、平面的色彩塊面，讓畫面具有現代感，色彩對比反差強烈。

❖ 圖 1-14 保加利亞 5 列弗鈔票正面

❖ 圖 1-15 保加利亞 5 列弗鈔票背面

❖ 圖 1-16 米勒夫，《收穫者》，1924 年，不透明水彩、青銅粉、紙板，18cm×16cm，收藏於保加利亞國家美術館 (The National Art Gallery)

❽ 保加利亞 (Bulgaria)・ 新娘杰希斯拉娃

　　保加利亞 20 列弗，鈔票正面（圖 1-17）為保加利亞古代壁畫（新娘杰希斯拉娃，Desislava，圖 1-18），此壁畫於世界文化遺產之博雅納教堂 (Boyana Church) 內。位於保加利亞首都索菲亞郊外博雅納村的正教教堂，是巴爾幹半島保存最完好的中世紀藝術品之一。

❖ 圖 1-17 保加利亞 20 列弗鈔票正面

❖ 圖 1-18 《新娘杰希斯拉娃》，
　　於保加利亞博雅納教堂壁畫

❾ 保加利亞 (Bulgaria)・畫家紮哈里

　　保加利亞 100 列弗，鈔票正面（圖 1-19）為保加利亞畫家紮哈里・左格拉夫 (Zahari Zograf, 1810-1853) 自畫像，鈔票背面（圖 1-20）則是左格拉夫的教堂壁畫作品，名為生命之輪 (Wheel of Life)，內圈端坐著一名女子，中圈為一年春夏秋冬之更替，外圈為人歷經少年、青年、壯年至老年的一生，走過風雨，走過歲月。他是保加利亞民族復興時期最有名的畫家。

❖ 圖 1-19　保加利亞 100 列弗鈔票正面

❖ 圖 1-20　保加利亞 100 列弗鈔票背面

❖ 圖 1-21 《紮哈里·左格拉夫自畫像》，
收藏於索菲亞國家美術館

❖ 圖 1-22 《生命之輪（Wheel of Life）》，
保加利亞主顯聖容修道院 (Transfiguration
Monastery) 外牆上的壁畫

❿ 丹麥 (Denmark)・畫家延斯自畫像及彩娥水彩畫

　　丹麥 1991 年發行 100 克朗 (Kroner) 紙鈔，鈔票正面（圖 1-23）為畫家延斯・龍爾 (Jens Juel, 1745-1802 年)，其代表作為：《自畫像》（圖 1-25）。從小就展現出繪畫的天份，父母便將他送往德國漢堡當畫家學徒，五、六年後成為了獨樹一格的肖像畫家，在他 35 歲時，成為了皇室御用的宮廷畫家。

　　鈔票背面（圖 1-24）為丹麥畫家伊伯・安德森 Ib Andersen, (1907-1969) 的《彩娥》水彩畫，色彩絢麗，活靈活現。

❖ 圖 1-23　丹麥 100 克朗鈔票正面

❖ 圖 1-24 丹麥 100 克朗鈔票背面

❖ 圖 1-25 自畫像
創 作 於 1773-
1774 年，尺寸
不詳，收藏於丹
麥國家藝術館

⓫ 法羅群島 (Faroe Islands)·冰川風光

　　法羅群島 (Faroe Islands) 是丹麥的海外自治領地，在挪威海及北大西洋之間。法羅銀行近年推出的系列新鈔中，呈現了法羅群島的各類冰川地貌風光。法羅群島是典型的冰川地貌，遍布崎嶇的岩石，有許多懸崖、深谷與峽灣。在法羅銀行近年推出的系列新鈔中，即呈現了法羅群島的各類風光。這系列新鈔，是由法羅銀行規劃、丹麥銀行印製，自 2001 年至 2005 年逐步發行。2005 年發行的 1,000 克朗紙鈔，還以新穎的設計、優美的質感，獲選為年度鈔票。

　　新鈔的正面均以法羅群島特產的動物為主題，雕工細膩精緻，包括法羅羊的羊角、魚尾、靈蛾、螃蟹、紫鷸等；背面則是印製當地藝術家海內森 (Zacharias Heinesen, 1936-) 所創作的法羅風景水彩畫，不同的面額搭配不同的風景主題，50 克朗的主題是桑巴村 (Sumba，圖 1-26) 丘陵崖岸、100 克朗是克拉克斯維克 (Klaksvik) 漁港、200 克朗是費根 (Tindhólmur ved Vágar， 圖 1-27) 風光、500 克朗是荷芬娜森笛 (Hvannasundi på Viðoy，圖 1-28) 漁港、1,000 克朗是珊多伊 (Sandoy，圖 1-29) 海濱。

❖ 圖 1-26 法
羅群島 50
克朗鈔票

海內森曾於哥本哈根的丹麥皇家美術學院求學，2006 年獲得法羅文化獎的表彰。他擅長描繪風景，畫作除了成為新鈔的圖案，亦曾被用來設計一系列郵票。這組風景水彩，利用留白讓畫面產生明暗對比，營造出一種輕快感，例如《荷芬娜森笛漁港 (Hvannasundi)》這件作品（圖 1-30）中，山間的留白雲霧，以及白色屋頂、水面的白色反光，彼此呼應，和暗色的房屋牆面形成對比，來引導觀者的視線去注意到各種顏色的反差變化。

❖ 圖 1-27 法羅群島 200 克朗鈔票

❖ 圖 1-28 法羅群島 500 克朗鈔票

❖ 圖 1-29 法羅群島 1,000 克朗鈔票

❖ 圖 1-30 海內森,《荷芬娜森笛
　　漁港》,水彩

❖ 圖 1-31 海內森,《珊多伊海濱》,水彩

⓬ France 法國 ‧ 七月革命

自由、平等、博愛,是法國對於人權的重要理念,並且被寫進憲法之中,堪稱是代表法國精神的口號。

1983 年版的 100 法郎鈔票（圖 1-32）,以德拉克洛瓦 (Eugène Delacroix, 1798-1863) 的肖像為主要圖像,搭配其代表作《自由引導人民 (La Liberté guidant le peuple)》,向這位以繪畫傳達法國精神的藝術家致敬。

《自由引導人民》是德拉克洛瓦描繪 1830 年法國七月革命的作品（圖 1-34）,這件作品曾於 1831 年的沙龍展上展出,現在收藏於巴黎羅浮宮。在這幅作品裡,畫家運用對比強烈的色彩與光線,烘托出戲劇效果。畫面生動的人物表現,使得觀眾彷彿身歷其境,可以感受到身先士卒、義無反顧的激情,是相當出色、成功的歷史畫。

❖ 圖 1-32 法國 100 法郎鈔票正面

❖ 圖 1-33 法國 100 法郎鈔票背面

❖ 圖 1-34　德拉克洛瓦，《自由引導人民》，1830 年，油畫，260cm×
325cm，收藏於法國羅浮宮（Musée du Louvre）

⓭ 法國 (France) ‧ 塞尚與蘋果

　　法國在 1996 年發行的 100 法郎鈔票正面（圖 1-35），以法國畫家塞尚 (Paul Cézanne, 1839-1906) 做為主角，他被譽為西方現代繪畫之父，其美學觀深深影響後來的現代主義 (Modernism)。左下方為其油畫作品《玩紙牌的人 (The Card Players)》左上角則是他所繼承的一座莊園外觀。

　　鈔票背面（圖 1-36）為塞尚油畫作品《蘋果與餅乾 (Apples and Biscuits)》（圖 1-37）。塞尚認為，繪畫並不只有「再現」我們眼前真實世界的功能，它可以在形式上自給自足。簡單來說，即使一個畫家沒有將蘋果的反光、紋理、陰影畫得栩栩如生，但是如果它可以在形式上，例如色彩、造形、構圖等等，彼此和諧，那仍然可以是一張好的作品。而鈔票背面右上方的八色盤，表述著塞尚的一句名言：「對比與色

❖ 圖 1-35 法國 100 法郎鈔票正面

調的關係，是繪圖和立體感的秘密 (The contrasts and relations of tones is the secret of drawing and modeling.)」。

塞尚的美學觀解放了藝術家，各種形式主義流派興起，藝術家也勇於表現自我，他的思想與創作，為西方現代繪畫帶來了嶄新的面貌。

❖ 圖 1-36 法國 100 法郎鈔票背面

❖ 圖 1-37 塞尚，《蘋果與餅乾 (Apples and Biscuits)》，1879-1880 年，油畫，45cm×55cm，收藏於法國橘園美術館（Musée de l'Orangerie）

⓮ 法國 (France)‧畫家莫里斯

　　法國於 1976 年發行的 50 法郎鈔票正面（圖 1-38）為洛可可派男肖像畫家莫里斯‧坦丁‧拉圖爾 (Maurice Quentin de La Tour，1704-1788) 及凡爾賽宮之水彩畫，莫里斯擅長粉彩畫，其代表作為：《伏爾泰》、《路易十五》、《蓬帕杜爾夫人》。

　　鈔票背面（圖 1-39）為莫里斯肖像畫以及其粉彩畫作品聖昆廷（St. Quentin）市政廳。

❖ 圖 1-38　法國 50 法郎鈔票正面

❖ 圖 1-39　法國 50 法郎鈔票背面

⓯ 德國 (Germany)・生物學家梅里安

　　德國500馬克(Mark)正面（圖1-40），以知名生物學家梅里安(Maria Sibylla Merian, 1647-1717)的肖像為主題，背面（圖1-41）印有其描繪蒲公英與蛾和幼蟲的作品。梅里安以研究植物和昆蟲聞名，其繪製的昆蟲蛻變過程、花卉圖鑑，不僅有詳實的學術內容，也有優美細膩的美感造形，宛若精緻的插畫作品，讓人賞心悅目。甚至連俄國沙皇彼得大帝(Peter the Great, 1672-1725)，在阿姆斯特丹看到她的作品，也愛不釋手，收藏了許多她的作品。

　　這幅《蒲公英與蛾》（圖1-42），是收錄於她1679年的《毛毛蟲的蛻變與奇異花卉(Der Raupen wunderbare Verwandlung und sonderbare Blumennahrung)》一書中的銅版畫插圖。梅里安將蛾的不同蛻變過程，以及蒲公英的植物樣貌，融合成一個活潑又穩定的畫面。她以綻放的蒲公英為畫面中軸，蛾與花苞、大片的葉子與毛毛蟲，分列左右，形成兩兩相對的造型，彼此不同卻又相互呼應，具有變化又兼顧平衡。

❖ 圖 1-40 德國 500 馬克鈔票正面

❖ 圖 1-41 德國 500 馬克鈔票背面

❖ 圖 1-42 梅里安，
《蒲公英與蛾》，
1679 年，銅版
畫，14.8cm×
11cm，收錄於
《毛毛蟲的蛻變
與奇異花卉》

⓰ 直布羅陀 (Gibraltar)・勝負之間

　　直布羅陀是英國在歐洲的最後一個殖民地，它是控制直布羅陀海峽的重要戰略地點。直布羅陀印製的 10 鎊 (Pound) 鈔票，背面（圖 1-43）是美國畫家約翰・特朗布爾 (John Trumbull, 1756-1843) 所畫的歷史畫《直布羅陀軍的突襲 (The Sortie Made by the Garrison of Gibraltar)》。

　　《直布羅陀軍的突襲》（圖 1-44）描繪 1781 年時，西班牙和法國企圖利用英國疲於應付美國獨立戰爭時，趁機奪下直布羅陀。這幅作品描繪英軍利用突襲戰術擊敗西班牙軍隊時，一名西班牙將領倒地瀕死之際，拒絕英軍將領的救援，試圖刻劃戰敗者寧死不屈的氣節以及勝利者心存憐憫的人性。

❖ 圖 1-43　直布陀羅 10 鎊鈔票背面

特朗布爾擅長描繪歷史畫，其最著名的作品之一，包括收藏於美國國會大廈大廳的《獨立宣言 (The Declaration of Independence)》，《獨立宣言》也被選作美元 2 元紙鈔的圖像。

在《直布羅陀軍的突襲》中，特朗布爾利用光線的對比，來凸顯勝利者與戰敗者的氣勢差別。勝利的英軍將領們站在畫面右方，光線投射在他們身上，氣宇軒昂，前程一片光明，與左方的黯淡、騷動的龐大人群形成反差。左方人群由下方向上延伸，宛若排山倒海而來的三角形小山丘，垂死的西班牙將領則位於整個三角形的最下方，所謂兵敗如山倒，或許即是如此！

❖ 圖 1-44　特朗布爾，《直布羅陀軍的突襲》，1789 年，油畫，180.3cm×271.8cm，收藏於美國大都會博物館 (Metropolitan Museum of Art)

⓱ 希臘 (Greece)‧ 隱蔽的學校

　　希臘 200 德拉克馬 (Drachma)，鈔票背面（圖 1-45）為希臘 19 世紀最重要的畫家尼古拉斯‧吉熱斯 (Nikolaos Gyzis, 1842-1901) 的油畫作品《隱蔽的學校 (The Secret School)》（圖 1-46），描繪在土耳其占領時期，為了保有希臘語言及文化，非法私下教導希臘語和基督教教義。

❖ 圖 1-45 希臘 200 德拉克馬鈔票背面

❖ 圖 1-46 Nikolaos Gyzis，《隱蔽的學校（The Secret School）》，1885 年至 1886 年，油畫，收藏於希臘的 Emphietzoglou Collection

⓲ 匈牙利 (Hungary)・人民起義

　　匈牙利的舊版 50 福林 (Forint)，鈔票背面（圖 1-47）印有油畫作品《庫魯克對拉班克戰爭圖 (Kuruc-Labanc Csatajelene)》（圖 1-48）。匈牙利在西元 17 世紀末至 18 世紀初，經歷鄂圖曼土耳其帝國、奧地利哈布斯堡王朝 (Hungary) 等政權統治，當時政局頗為不安，許多匈牙利的農民、新教徒、在地貴族等，為了反抗當局的暴政，陸陸續續組織軍隊起義，這批軍隊被統稱為庫魯克 (Kuruc)，而與之相對抗的哈布斯堡王朝軍隊，則被稱為拉班克 (Labanc)。

❖ 圖 1-47　匈牙利舊版 50 福林鈔票背面

畫面中，庫魯克軍隊追向拉班克軍隊，戰士騎在馬上，馳騁沙場。戰士分別穿著紅色、黃色等鮮豔色彩的衣服，白色、深褐色的馬匹形成強烈對比，十分搶眼，搭配著藍天白雲的背景，畫家並不刻意強調戰爭的血腥與肅殺之氣，反而像是透過畫作來講述歷史故事，即使是孩童觀看也不會心生恐懼。匈牙利發行這套鈔票時，仍是共產國家，也許是這個原因，所以挑選歌詠人民起義的題材作為設計主題，透過歷史的介紹來落實愛國教育。

❖ 圖 1-48　作者不詳，《庫魯克對拉班克戰爭圖》，年代不詳，油畫，30cm×64cm，收藏於匈牙利國家博物館歷史畫畫廊 (Történelmi Képcsarnok, Magyar Nemzeti Múzeum)

⑲ 匈牙利 (Hungary)・畫家瑪達拉斯

　　匈牙利 2,000 福林鈔票背面（圖 1-49）為匈牙利歷史上最偉大的浪漫主義畫家瑪達拉斯・維克多 (Madarász Viktor, 1830-1917) 的油畫作品《拜特倫王子在科學家中間 (Gábor Bethlen among his scientists)》（圖 1-50），早期風格寫實，後轉為浪漫。

❖ 圖 1-49 匈牙利 2,000 福林鈔票背面

❖ 圖 1-50 瑪達拉斯‧維克多，《拜特倫王子在科學家中間 (Gábor Bethlen among his scientists)》，油畫

⑳ 匈牙利 (Hungary)・內陸「大海」

　　1946 年版的匈牙利 1,000,000 福林紙鈔（圖 1-51），是以匈牙利 19
世紀畫家蓋薩 (Mészöly Géza，1844-1887) 的油畫作品《巴拉頓漁場
(Balatoni Halásztanya)》（圖 1-52）為主要圖案。匈牙利雖然是個內陸國，
卻有著全歐洲最大的淡水湖巴拉頓湖 (Lake Balaton)，面積達 592 平方
公里，有「匈牙利的大海」之稱，同時也是知名的度假勝地。

　　蓋薩的這張作品，前景為湖濱，中景的樹林與漁夫構築出畫面的重
心，讓遠景的巴拉頓湖，在景物掩映之中，更顯遼闊縹緲。《巴拉頓漁
場》的色調與畫面氛圍，很容易讓人聯想到 19 世紀法國風景畫大師柯
洛 (Jean-Baptiste-Camille Corot, 1796-1875) 的作品《靜泉之憶 (Souvenir
de Mortefontaine)》，有著自然、樸素的詩意，並且營造出迷濛氛圍的
空間感。除了與柯洛的風格相似，蓋薩的風景畫可能也受到 17 世紀以
降荷蘭風景畫的啟發，運用荷蘭風景畫中常見的漫射光，讓來自天空的
光源平均分佈在景物上。

❖ 圖 1-51　匈牙利 1,000,000 福林鈔票背面

❖ 圖 1-52　蓋薩，《巴拉頓漁場》，1877 年，油畫，140cm×226cm，收藏於匈牙利國家畫廊 (Hungarian National Gallery)

㉑ 冰島 (Iceland)・刺繡之母

　　榮斯蒂爾 (Ragnheiður Jónsdóttir, 1646-1715) 是冰島很著名的女裁縫師，她致力推廣刺繡技術，對冰島文化有卓越的貢獻，因此冰島中央銀行特別在 5,000 克朗鈔票（圖 1-53）印上她的肖像以資紀念。

　　榮斯蒂爾是波勒克森主教 (Gísli Þorláksson, 1631-1684) 的第三任妻子，她在鈔票正面的肖像，以及右側的三位人物，取自《波勒克森主教和他的三位妻子 (Gísli biskup Þorláksson og konur hans þrjár)》這幅畫作（圖 1-55），是她和主教以及主教的前兩任妻子。鈔票的背面（圖 1-54）是榮斯蒂爾手持著刺繡書籍，教導兩位女孩刺繡。紙幣正反面的花紋以聖壇桌布紋樣作裝飾，右下角的字母縮寫，則是截取自榮斯蒂爾的刺繡書籍。

畫中仕女們所穿著的服飾，是冰島早期的服飾 (faldbúningur)，仕女頭髮包裹在頭巾裡，搭配鑲有金邊的帽子與環狀領，顯得樸實中又帶有高貴的氣質。

❖ 圖 1-53 冰島 5,000 克朗鈔票正面

❖ 圖 1-54 冰島 5,000 克朗鈔票背面

❖ 圖 1-55　作者不詳，《波勒克森主教和他的三位妻子》，1685 年，油畫，
尺寸不詳，收藏於冰島國立博物館 (Þjóðminjasafns Íslands)

㉒ 義大利 (Italy)・卡拉瓦喬的水果籃

　　義大利發行的 100,000 里拉 (Lira) 鈔票正面（圖 1-56），是義大利畫家卡拉瓦喬 (Michelangelo Merisi da Caravaggio, 1571-1610) 的肖像，人像左側是其作品《女占卜者 (La Diseuse de bonne aventure)》現典藏於法國巴黎羅浮宮，背面（圖 1-57）是其靜物畫《水果籃 (Basket of Fruit)》。

　　卡拉瓦喬是開創巴洛克畫派的重要畫家，他善於應用明暗對照畫法，利用光線引導觀眾的視線，加深陰暗的部分，讓物體部分沉浸於黑暗中，凸顯主題景物，使畫面產生強烈對比，形體結實而厚重，構圖簡潔而單純。這種技巧影響了後來西元 17、18 世紀時的巴洛克風格。

　　《水果籃》（圖 1-58）是卡拉瓦喬早期的代表作，現藏於米蘭。畫中水果有著明晰結實的輪廓，光線照在竹籃中的蘋果、檸檬、葡萄、無花果、葉子等靜物上，題材顯得樸實又親切。

❖ 圖 1-56 義大利 100,000 里拉鈔票正面

❖ 圖 1-57 義大利 100,000 里拉鈔票背面

❖ 圖 1-58 卡拉瓦喬,《水果籃》,1599 年,油彩
畫布,31cm×47cm,收藏於義大利米蘭安波羅修
圖書館 (Biblioteca Ambrosiana)

㉓ 義大利 (Italy)・雅典學院

　　義大利 500,000 里拉鈔票正面（圖 1-59）是「文藝復興三傑」之一的拉斐爾 (Raphael Sanzio, 1483-1520) 其自畫像《Self-Portrait of Raphael》，左側拉斐爾的作品《伽拉提亞女神的凱旋 (The Triumph of Galatea)》是 295×225 公分的壁畫，在羅馬法列及那別墅 (Villa Famesina)，這幅畫描繪由海豚牽引巨大螺殼，坐著伽拉提亞女神乘風破浪，顯示平衡、和諧及完美；背面（圖 1-60）則印有其代表作《雅典學院 (The School of Athens)》，這幅作品（圖 1-61）是梵蒂岡使徒宮（Palazzo Apostolico）內的壁畫。梵蒂岡使徒宮是教宗的正式官邸，裡面設有禮拜堂、博物館、圖書館、教廷官方機構等。

　　《雅典學院》描繪從古典哲學到宗教神學的發展，將柏拉圖 (Plato，約公元前 427-347)、亞里斯多德 (Aristotle，約公元前 384-322) 等多達 56 位的各時代哲學家、神學家、藝術家、科學家，安排在同一畫面。

❖ 圖 1-59 義大利 500,000 里拉鈔票正面

柏拉圖和亞里斯多德分別立於畫面中心的「消失點」兩側，左邊紅袍的是柏拉圖，他的手指著天上，而右邊藍袍的是亞里斯多德，他的手則指著地，暗喻著哲學理念的不同。手上拿著圓規在地上繪圖的是幾何學家阿基米德，其中還包括犬儒學派哲學家戴歐基尼，主張地圓說的天文學家，便是那位拿著地球儀的托勒密，早期希臘中影響數學最大的是畢達哥拉斯，他正蹲坐著寫書，可謂各個賢者共聚一堂。在巨型的拱門下，有兩尊大理石雕像，左側為希臘神話中的太陽神阿波羅；右側是智慧與美兼備的女神雅典娜。如此雄偉的畫作，讓人不由得想一同進入拱門與學者同在。

　　所謂消失點 (Vanishing Point) 是透視學的術語，是利用線條的安排，在平面中創造出三度空間的立體視覺效果。其原理簡單來說，是讓原本在現實世界應該平行的兩條直線，在畫面上卻讓它們逐漸接近彼此，最後交會於一點。最典型的例子，即是火車行進的鐵軌，在畫面中由近而遠向前延伸，最終消失在畫面遠方的一點。這種繪圖技巧，符合人類的視覺經驗，可以讓畫面物體的立體感、距離感，看起來合乎邏輯。拉斐

❖ 圖 1-60　義大利 500,000 里拉鈔票背面

❖ 圖 1-61 拉斐爾，《雅典學院》，1509-1510 年，濕壁畫，488cm×770cm，
收藏於梵蒂岡使徒宮

爾讓兩位大哲學家立於畫面中心的消失點，而且其後方的拱門外，恰巧
是藍天白雲，營造出這兩位哲人的神聖性。畫面嚴謹的透視技巧，以古
典樣式的大廳作背景，圓頂、穹窿 (Barrel Vault)、廊柱等建築結構，畫
得一絲不苟，畫中人物姿態各異，例如天文學家托勒密 (Ptolemy, 90-
168) 拿著地球儀，阿基米德 (Archimedes，約公元前 287-212) 則躬身用
圓規測量幾何圖形。

　　這幅作品氣勢磅礡，象徵基督教和異教和諧融合在一起，同時歌頌
了人類對於智慧與真理的追求，這幅巨作用簡單形象表達了最複雜的思
想，成功運用人類視覺表達抽象的理念。

㉔ 馬其頓 (Macedonia)・天使加百利

　　馬其頓 50 代納爾 (Denar)，鈔票背面（圖 1-62）的圖案是壁畫《天使加百利 (Archangel Gabriel)》，在 1191 年繪製，位於普雷斯帕湖畔 (Prespa lake) 的聖喬治教堂 (Church of Saint George) 內，為拜占庭帝國統治馬其頓時期的經典之作（圖 1-63）。根據亞伯拉罕諸教，加百利是為神傳遞訊息的天使長，在畫作中加百利被繪為女性形象，一般認為是女性的守護神。

❖ 圖 1-62 馬其頓 50 代納爾鈔票背面

❖ 圖 1-63 《天使加百利 (Archangel Gabriel)》，1191 年，聖喬治教堂內的壁畫

㉕ 馬其頓 (Macedonia)・聖母

　　馬其頓 1,000 代納爾鈔票正面（圖 1-64）為壁畫聖母 (Episkepsis)，是位於馬其頓的歷史名城奧赫里德 (Ohrid) 附近名為 St.Vraci 教堂的室內壁畫（圖 1-65）。聖母是耶穌的母親，相當於東方亞述教會所稱救主基督之母。在正教會、東方正統教會與天主教會中，都使用瑪利亞這個稱號來稱呼聖母。

❖ 圖 1-64　馬其頓 1,000 代納爾鈔票正面

❖ 圖 1-65　《聖母》，St.Vraci 教堂的室內壁畫

㉖ 荷蘭 (Netherlands)‧ 哈爾斯

　　荷蘭 10 盾 (Gulden) 鈔票正面（圖 1-66）是畫家哈爾斯 (Frans Hals, 1582-1666) 的肖像，背面則是象徵豐饒的羊角飾。

　　哈爾斯以肖像畫聞名，他擅長捕捉人物稍縱即逝的表情，能夠運用奔放的筆觸，生動地表現社會不同階層人們的生活與性格。他也很擅長群像畫，畫作帶有風俗畫性質，表現出人生百態，將每個人獨特的面貌和情緒描繪出來。他早期作品會運用鮮豔明亮的色彩，畫中人物常常洋溢著歡樂的表情，營造出熱情愉悅的氣氛，讓人感受到爽朗的情緒。畫家晚年的生活並不順利，甚至必須仰賴救濟金度日，也許是人生多了更深的體會，哈爾斯晚年的作品似乎在肖像中流露出更多的感情與人性。

❖ 圖 1-66 荷蘭 10 盾鈔票正面

㉗ 挪威 (Norway)・孟克的太陽

　　挪威新版 1,000 克朗 (Kroner) 的正面（圖 1-67），為表現主義畫家孟克 (Edvard Munch, 1863-1944) 的肖像，背面（圖 1-68）則是其作品《太陽 (The Sun)》。孟克擅長以強烈的線條與色彩來表現主題，帶給觀者強烈的視覺震撼，尤其是他的名作《吶喊 (The Scream)》，更以扭曲的臉龐與身體，營造出不安與騷動的感受。

　　孟克曾經以《太陽》作為主題，創作了一系列構圖相似的巨幅作品（圖 1-69），挪威紙鈔上面的這件作品正是其中一幅，約創作於 1912 至 1913 年間，現藏於奧斯陸 (Oslo) 的孟克博物館 (Munch Museum)。畫中用鮮豔的色彩與剛硬的線條，表現出金黃色陽光普照在大地上的景象，太陽的光線幾乎占據畫面的一半，整個天際、山巒、樹林都沐浴在和煦的陽光之中，讓人感到溫暖。

❖ 圖 1-67 挪威新版 1,000 克朗鈔票正面

❖ 圖 1-68 挪威新版 1,000 克朗鈔票背面

❖ 圖 1-69 孟克，《太陽》，約 1912-1913 年，油畫，324cm×509.5cm，收
藏於孟克博物館

㉘ 羅馬尼亞 (Romania)‧ 畫家尼古拉

　　羅馬尼亞 2005 年發行 10 列伊 (Lei) 鈔票，正面（圖 1-70）為畫家
尼古拉 ‧ 格里高萊斯庫 (Nicolae Grigorescu, 1838-1907)，背景有調色盤
及畫筆，背面（圖 1-71）為《羅迪卡》之油畫，描繪一個鄉村女孩的勞
動。他的畫作較致力於質樸的主題，如農村鄉間的牛車及農民，其代表
作為：《攻打莫爾丹》、《女孩們在門前撚線》、《農家女》（圖 1-72）。

❖ 圖 1-70 羅馬尼亞 10 列伊鈔票正面

❖ 圖 1-71 羅馬尼亞 10 列伊鈔票背面

❖ 圖 1-72 格里高萊斯庫，《羅迪
卡 (Rodica)》，油畫，收藏於羅
馬尼亞銀行博物館 (Muzeul
Băncii Naţionale a României)

㉙ 西班牙 (Spain)・布雷達的投降

　　西班牙 50 比塞塔 (Peseta) 鈔票正面（圖 1-73）是巴洛克時期畫家委拉斯蓋茲 (Diego Velázquez, 1599-1660) 的肖像，背面（圖 1-74）則是他的作品《布雷達的投降 (La Rendición de Breda)》的局部。巴洛克風格是指西元 17、18 世紀時，歐洲義大利、西班牙等地流行的主流畫風。此一時期上承文藝復興時期，下接洛可可時期，與文藝復興著重平衡、理性的風格相較，巴洛克畫風往往強調宏偉的氣勢、戲劇性的構圖，以及光線明暗的強烈對比。

　　《布雷達的投降》（圖 1-75）這幅作品裡，委拉斯蓋茲描繪荷蘭要塞布雷達的守軍，向西班牙軍隊投降的景象。左邊為戰敗者布雷達城的指揮官，向右邊的勝利者交出城門鑰匙，西班牙將領身後長矛挺立，軍容壯盛。委拉斯蓋茲透過光線、空間的運用，將複雜的構圖佈置得有條不紊，讓畫面兼具動感與整體感。

❖ 圖 1-73 西班牙 50 比塞塔鈔票正面

❖ 圖 1-74 西班牙 50 比塞塔鈔票背面

❖ 圖 1-75　委拉斯蓋茲，《布雷達的投降》，1635 年，
油畫，307cm×367cm，收藏於西班牙普拉多博物館
(Museo Nacional del Prado)

⑳ 西班牙 (Spain)‧ 迎風陽傘

　　西班牙 100 比塞塔鈔票正面（圖 1-76）印有哥雅 (Francisco Goya, 1746-1828) 的肖像，背面（圖 1-77）是其名作《陽傘 (The Parasol)》。哥雅曾經擔任宮廷畫家，從西班牙大師委拉斯蓋茲等作品中汲取養分，西元 1792 年他因病失聰後，畫風改變，開始繪製一系列具有奇特幻想的蝕刻版畫作品，諷刺一些當時的風俗與教會的陋習，後來拿破崙入侵西班牙後，他更創作許多以控訴戰爭為主題的作品，發人深省。

　　《陽傘》（圖 1-78）是哥雅的早期作品，繪於西元 1777 年，是當時他為皇家織造廠繪製的大型油畫草圖之一。畫面年輕男女與陽傘，呈現典型的三角形構圖，年輕男子背後迎風搖曳的樹枝則打破畫面的穩定，帶來活潑的動感。畫中年輕姑娘帶有撒嬌意味的迷人微笑，以及穿

❖ 圖 1-76　西班牙 100 比塞塔鈔票正面

著紅色背心、自信輕鬆的年輕男子，姿態生動自然。畫面色彩鮮艷明亮，綠色陽傘、年輕女子的藍色上衣、黃色裙襬、年輕男子的黃褐色衣著，還有那白色裙紗上的黑色小狗，畫面和諧，輕快爽朗。在這風光明媚的陽光下，讓人也能感受到那股青春洋溢的氣息。

❖ 圖 1-77　西班牙 100 比塞塔鈔票背面

❖ 圖 1-78　哥雅，《陽傘》，1777 年，油畫，104cm×152cm，收藏於西班牙普拉多博物館 (Museo Nacional del Prado)

㉛ 西班牙 (Spain)・兩位領導人

　　西班牙 100 比塞塔正面（圖 1-79）印有西班牙帝國名將貢薩洛・德・科爾多瓦 (Gonzalve de Cordoue, 1453-1515) 肖像，背面（圖 1-80）是西班牙畫家阿里薩 (José Casado del Alisal, 1832-1886) 創作於 1866 年的油畫作品《兩位領導人 (The Two Leaders)》。

　　西班牙名將貢薩洛在 1492 年不僅驅逐阿拉伯人，更為統一西班牙做出大貢獻，1497 年率領軍隊進入義大利大敗法軍。1503 年 4 月發生切里尼奧拉戰役，貢薩洛率領一萬火槍兵打敗了四萬法軍之長矛方陣，也是歐洲史上第一場使用火槍的戰役，最後以突襲戰術獲得勝利，將法軍逐出義大利；而油畫（圖 1-81）所描繪的正是切里尼奧拉戰役，但貢薩洛眉頭深鎖且無一絲勝利的笑容，感慨著同樣是領導者的內穆爾公爵的陣亡，如同英雄惜英雄的騎士精神，即使在戰爭中獲勝了，但面對著對方領導者的屍體，內心仍深表哀痛。

❖ 圖 1-79 西班牙 100 比塞塔鈔票正面

❖ 圖 1-80 西班牙 100 比塞塔鈔票背面

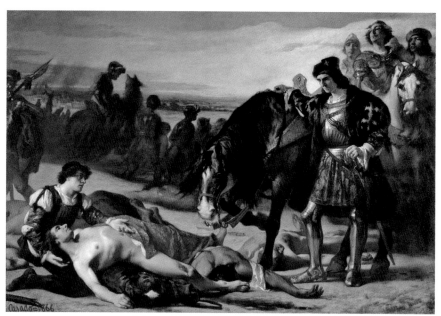

❖ 圖 1-81 《兩位領導人 The Two Leaders》，1866 年，油畫，256cm×382cm，
收藏於西班牙馬德里普拉多博物館

㉜ 西班牙 (Spain)・腓力二世

　　西班牙 100 比塞塔鈔票正面（圖 1-82）為西班牙腓力二世 (Felipe II, 1527-1598)，義大利文藝復興著名畫家提香 (Titian Tiziano Vecellio 1488-1576) 於 1551 年之畫作（腓力二世全身像，圖 1-84）。提香於 1548-1551 年間造訪奧格斯堡的帝國宮廷，為宮廷名流作畫，並為查理五世的繼任者西班牙腓力二世工作。

　　鈔票背面（圖 1-83）為西班牙畫家路易斯・阿爾瓦雷斯・卡塔 (Luis Álvarez Catalá, 1836-1901) 的畫作《腓力二世的座椅 (Silla de Felipe II)》，當時腓力二世視察營建中的埃斯科里亞耳修道院，正在工地辦公室休息。

❖ 圖 1-82 西班牙 100 比塞塔鈔票正面

❖ 圖 1-83 西班牙 100 比塞塔鈔票背面

❖ 圖 1-84 提香，《腓力二世》，1551 年，
油彩、畫布，193 cm×111 cm，收藏於
西班牙馬德里普拉多美術館

㉝ 西班牙 (Spain)‧ 畫家胡里奧

　　西班牙 100 比塞塔鈔票正面（圖 1-85）為西班牙畫家胡里奧‧羅梅羅‧德‧托雷斯 (Julio Romero de Torres, 1874-1930)，鈔票背面（圖 1-86）是托雷斯的油畫作品《La Fuensanta》，描繪瑪麗亞‧特雷莎‧洛佩斯‧岡薩雷斯 (Maria Teresa López González)。這幅畫（圖 1-87）被認為是安達盧西亞（西班牙南方自治區）典型女子的美貌。

❖ 圖 1-85 西班牙 100 比塞塔鈔票正面

❖ 圖 1-86 西班牙 100 比塞塔鈔票背面

❖ 圖1-87 胡里奧·羅梅羅·德·
托雷斯,《La Fuensanta》,
1929 年,油畫,100 cm×80
cm,私人收藏

❸❹ 南斯拉夫 (Yugoslavia)・愛國畫家

　　已於 2003 年解體的南斯拉夫 (Yugoslavia) 聯邦，曾於 2001 年發行 200 第納爾 (Dinara) 紙鈔。鈔票正面（圖 1-88）印有女畫家皮特洛維奇 (Nadežda Petrovi，1873-1915) 的肖像，右側為其紀念雕像及其繪畫的畫筆，她的畫風混合有印象派與野獸派的風格，是塞爾維亞的重要畫家。她是一名有愛國熱忱的畫家，當時戰爭爆發，她毅然回國志願擔任護士，照顧受傷的軍人，為此感染傷寒與霍亂等疾病並因而喪命，令人感佩。

　　背面（圖 1-89）是格拉恰尼剎修道院 (Gra anica Monastery)。格拉恰尼剎修道院是位於科索沃 (Kosovo) 的東正教修道院，建於 14 世紀，由於是中世紀的珍貴古蹟，同時又位於塞爾維亞與科索沃的戰爭衝突區，因此與其他幾所位於科索沃的中世紀修道院，共同被聯合國教科文組織 (UNESCO) 列為世界遺產。

❖ 圖 1-88 南斯拉夫 200 第納爾鈔票正面

❖ 圖 1-89 南斯拉夫 200 第納爾鈔票背面

亞洲
Asia

❶ 亞美尼亞 (Armenia)．野獸派大師

　　西亞內陸國亞美尼亞 20,000 德拉姆 (Dram) 的正面（圖 1-90），以亞美尼亞畫家薩里揚 (Martiros Saryan, 1880-1972) 的肖像為主題，背景則是他 1928 年的作品《靜物與花 (Still Life with Flowers)》（圖 1-93）局部抽象化以後的圖案。

　　薩里揚的畫風受到後印象派的高更 (Paul Gauguin, 1848-1903)，以及野獸派創始者馬諦斯 (Henri Matisse, 1869-1954) 的影響，所以其畫作會強調色彩與筆觸的使用，用色往往大膽而強烈，且常將物象平面化，不再講究畫面的透視和物體的明暗，讓繪畫脫離自然的摹仿，試圖傳達出更多藝術家的主觀感受。

　　位於西亞的內陸國家亞美尼亞，境內有小高加索山橫貫，因此地形崎嶇。薩里揚曾經畫有許多風景油畫與素描，描繪亞美尼亞的自然與人文景觀。他的作品以明亮的色彩、粗獷的筆觸描繪出亞美尼亞獨特的人

文景觀和連綿壯闊的山野風光。

在亞美尼亞的 5,000 德拉姆背面（圖 1-92），印有薩里揚的風景畫《山村 (Village of Karinge in the Thumanian Mountains)》（圖 1-95），20000 德拉姆（圖 1-91）則是印有另一幅風景畫《亞美尼亞 (Armenia)》（圖 1-94）的局部。鈔票以薩里揚的油畫為主題，稍微改變畫面的色調，轉化運用成鮮明簡潔的色塊，讓風景油畫成為具有抽象美感的鈔票圖樣。

❖ 圖 1-90 亞美尼亞 20,000 德拉姆鈔票正面

❖ 圖 1-91 亞美尼亞 20,000 德拉姆鈔票背面

❖ 圖 1-92　亞美尼亞 5,000 德拉姆鈔票背面

❖（左）圖 1-93　薩里揚，《靜物與花》，1928 年，油畫，68.7cm ×69cm，收藏於薩里揚美術館 (Martiros Sarian's Museum)

❖（右上）圖 1-94　薩里揚，《亞美尼亞》，1923 年，油畫，138cm×103cm，收藏於亞美尼亞國家美術館 (National Gallery of Armenia)

❖（右下）圖 1-95　薩里揚，《山村》，1952 年，油畫，100cm× 109cm，收藏於亞美尼亞國家美術館

❷ 孟加拉 (Bangladesh)・耕田

　　孟加拉 50 塔卡 (Taka) 鈔票背面（圖 1-96）為孟加拉畫家阿比汀 (Zainul Abedin, 1914-1976) 的 畫 作 耕 田 (Ploughing， 圖 1-97)。Zainul Abedin 為現代主義畫家，於前東巴基斯坦（現為孟加拉）創辦藝術學院，積極推動藝術創作發展。畫作中水牛耕田是一項重要農業技術，孟加拉是世界人口密度最高地區，大部分是在恆河三角洲，以耕作為主的農業人口。

❖ 圖 1-96 孟加拉 50 塔卡鈔票背面

❖ 圖 1-97　阿比
　汀，《耕田》

❸ 喬治亞 (Georgia) · 雌鹿

喬治亞 1 拉里 (Lari)，鈔票正面（圖 1-98）為喬治亞原始主義畫家皮羅斯馬尼(Niko Pirosmani, 1862-1918)，畫風樸實，通常以動物、侍者、食客為主，鈔票背面（圖 1-99）為皮羅斯馬尼的繪畫作品雌鹿 (Doe，圖 1-100)。

❖ 圖 1-98 喬治亞 1 拉里鈔票正面

❖ 圖 1-99 喬治亞 1 拉里鈔票背面

❖ 圖 1-100 皮羅斯馬尼，《雌鹿》，1909 年，
油畫，77 cm × 96 cm，收藏於格魯吉亞國家
藝術博物館

❹ 喬治亞 (Georgia)‧射手座

位於黑海濱的喬治亞，與俄羅斯、土耳其、亞美尼亞、亞塞拜然等
國為鄰，大多數人信奉東正教，少數信奉伊斯蘭教等宗教。喬治亞的
50 拉里鈔票的背面（圖 1-101），印有西元 12 世紀一份手抄本中的「射
手座」插圖。

西元 12 世紀時，喬治亞王國文化蓬勃發展。圖中的射手座圖案（圖
1-102），顯示出中世紀的天文觀，當時星象學的書籍會以擬人化的方
式，來表現黃道十二宮。畫面中，射手座回頭拉滿弓，與捲曲的尾巴末
端相互呼應，形成生動的畫面。

手抄本書體風格精緻嚴謹，會搭配精美的邊框作裝飾，並且描繪細膩的插圖。中世紀的手抄本通常會用鵝毛筆畫在羊皮紙上，線條流暢。手抄本對後來印刷的書籍裝幀、字體設計影響很大，有的珍貴的手抄本封面，甚至會裝飾珠寶，宛若藝術品。

❖ 圖 1-101　喬治亞 50 拉里鈔票正面

❖ 圖 1-102　喬治亞星相手抄本「射手座」插圖，西元 12 世紀

❺ 日本 (Japan)‧ 源氏物語繪卷

　　日本 2,000 日圓 (Yen)，鈔票背面（圖 1-103）為日本國寶《源氏物語繪卷》第 38 回「鈴蟲」中的繪圖（圖 1-104）。

　　源氏物語（げんじものがたり，Genji Monogatari），是日本平安朝中期著名女作家紫式部 (973-1015) 的長篇小說，也是世上最早的長篇寫實小說之一。背景是日本平安王朝全盛時期，光源氏（桐壺帝的二皇子）為主要人物，描繪他一生榮華和飄浮不定的人生，無論是生活經歷或愛情故事，而源氏的感情路，也揭開一夫多妻制度下婦女的悲哀。內容反映當時社會政治陳腐敗壞、上層貴族間權力鬥爭相互較勁、複雜的淫亂生活，揭露人性與宮廷鬥爭。早期多以圖畫解說相伴，以滿足宮廷貴婦之閱讀樂趣，後期插圖會用線條勾勒形象，在輪廓內塗染顏料，增添色彩之豐富美豔。

❖ 圖 1-103 日本 2,000 円鈔票背面

❖ 圖 1-104　紫式部，《鈴蟲》，1001 年至 1008 年間，22 cm×48 cm，收藏於東京五島美術館

　　而此鈔票背面的文字翻譯如下：

　　十五夜晚的月亮還遮住影子的夕暮，在佛的前面宮殿若隱若現，

　　一邊眺望景色一邊唸佛誦經，年輕的尼姑兩三人捧著花束，

　　靜聽著拂曉的到來和水的聲音，離開俗世做著這忙碌的工作，

　　想來也非常悲哀吧？不過，越過這約定俗成，

　　你會感到「鈴蟲的聲音頻繁亂叫的黃昏是墮落」

❻ 日本 (Japan)・燕子花

　　日本的 5,000 円鈔票的正面（圖 1-105），是尾形光琳 (1658-1716) 的作品《燕子花圖》屏風（圖 1-106）。這件作品是畫在一對屏風上，每個屏風寬達 338 公分，相當氣派豪華，作品被列為國寶，現藏於日本東京根津美術館。據說日本講談社社長野間省一在 1973 年訪問中國大陸時，即以這件國寶的複製品，做為給中國大陸國務院總理周恩來的贈禮。

　　尾形光琳是江戶時代中期「琳派」的代表畫家之一，其畫風流露出一種纖細的品味，對於日本的繪畫與工藝影響很大。「琳派」最早為本阿彌光悅和俵屋宗達所創始，而後由尾形光琳發揚光大。琳派具有很強的裝飾性，特色是使用金銀箔作為背景，構圖大膽，使用許多重複、平塗的裝飾圖樣，具有設計感。

❖ 圖 1-105 日本的 5,000 円鈔票正面

《燕子花圖》主要由三種色調構成：金色、藍色、綠色，畫面以水生植物燕子花為主題。尾形光琳透過高低錯落、稀疏緊湊的構圖，讓燕子花自屏風一端延伸到另一端。由於花朵與葉片具有獨特又自然的輪廓線，透過構圖的排列組合，可變化出繁複的造型群組，與背景純粹的金色形成強烈對比，彷彿燕子花綻放在金色的水面上，華麗而動人。

❖ 圖 1-106　尾形光琳，《燕子花圖》，18 世紀早期，金箔彩繪屏風，150.9cm×338.8cm×2 組，收藏於日本東京根津美術館

❼ 韓國 (Korea)・真景山水

　　韓國1,000韓圓(Won)鈔票正面（圖1-107）為學者李滉（1501-1570，朝鮮李朝時期唯心主義的哲學家與教育家）之畫像，背景為明倫堂之梅花圖，鈔票背面（圖1-108）印有山水畫作《溪上靜居圖(계상정거도)》。這幅作品是由朝鮮李朝時期的著名山水畫家鄭歚 (1676–1759) 所作。鄭歚，號謙齋，是朝鮮真景山水畫的奠基者。所謂「真景山水」，是以實際景觀的「真景」或「真境」為繪畫題材的山水畫，是藝術史界用來描述這類風格的專門術語。朝鮮十七世紀的真景山水畫，可以概分為金剛山、五臺山等景色的名勝圖類，以及以知名士大夫住所的精舍圖類，本圖屬於後者。

鄭敾《溪上靜居圖》（圖1-109）是《退尤二先生真跡帖》中的一幅。
《退尤二先生真跡帖》是一本共有14頁的書畫集，被國家指定為第
585號國寶，2012年還曾經創下拍賣紀錄，以34億韓圓（約新台幣1
億多元）的價格拍出，是當時韓國古代藝術品拍賣史上的最高價格，也
是首次有國家指定的國寶出現在拍賣市場。

❖ 圖 1-107　韓國 1,000 韓圓鈔票正面

❖ 圖 1-108　韓國 1,000 韓圓鈔票背面

《溪上靜居圖》以李滉的溪上書堂為主題，透過描繪溪上書堂以及周邊的山水景致，利用層層疊染的皴法，表達出山巒、樹木的靜穆，象徵李滉作育英才、為人師表的風範。

❖ 圖 1-109 鄭敾，《溪上靜居圖》，1746 年，水墨紙本，25.3cm×39.8cm，私人收藏

❽ 韓國 (Korea)‧草蟲圖

韓國 5,000 韓圓鈔票正面（圖 1-110）是韓國著名學者李珥 (1536-1584) 的畫像，背景有其出生地及墨竹的圖畫，鈔票背面（圖 1-111）印有申師任堂 (1504-1551) 所作的屏風畫《草蟲圖 (초충도병)》。申師任堂所畫的《草蟲圖》屏風，是以諸多植物和草蟲為題材，現藏於烏竹軒內的江陵市立博物館（강릉시오죽헌시립박물관），鈔票擷取作品裡的西瓜（圖 1-112）與雞冠花（圖 1-113）圖案，西瓜下方有一隻蟈蟈，花

叢的左上方則有一隻翩翩起舞的蝴蝶，生動自然、維妙維肖。

　　畫中申師任堂運用了水墨的沒骨畫法，畫面的動植物顯得自然生動。沒骨畫法的「沒」，可以解釋為「隱沒」；「骨」則是水墨畫中「骨法用筆」的「骨」字，即以墨線構成物象的骨架。所以沒骨畫法，即是不勾勒景物的輪廓線，而直接利用色彩、深淺、明暗來區別出各種物象，畫面往往柔美而優雅，景物逼真，具有清新的感覺。

❖ 圖 1-110　韓國 5,000 韓圓鈔票正面

❖ 圖 1-111　韓國 5,000 韓圓鈔票背面

❖ 圖1-112 申師任堂，《草
蟲圖屏風（西瓜與蟈
蟈）》，年代不詳，設
色 屏 風，48.6cm×
35.9cm，收藏於烏竹軒
江陵市立博物館

❖ 圖1-113 申師任堂，《草蟲圖屏風
（雞冠花）》，年代不詳，設色屏風，
48.6cm×35.9cm，收藏於烏竹軒江陵
市立博物館

❾ 韓國 (Korea)‧ 星相圖

　　韓國 10,000 韓圓鈔票正面（圖 1-114）是朝鮮世宗 (1397-1450) 肖像，他很重視朝鮮的科技發展，鈔票背面的渾天儀即是其在位期間所研製出來的。朝鮮世宗背景為刺繡屏風《日月五峰圖》，上面繡有太陽、月亮、湖泊、瀑布、松樹，以及代表五行的五峰，象徵帝王澤及天下的威儀。

　　鈔票背面（圖 1-115）印有渾天儀，是用於天文觀測的儀器，背景則為 14 世紀末編纂的《天象列次分野之圖》石刻，石碑高達 2 公尺餘，將星體、星座、銀河刻在一個圓圈內，並且記錄星宿的名稱，反映出朝鮮當時的天文學發展，石刻藏於韓國國立古宮博物館。

　　《日月五峰圖》屏風（圖 1-116），大多放於國王寶座之後，有些屏風會在國王駕崩後做為殉葬品。在韓國多個博物館都有收藏這類屏風，例如國立中央博物館、國立古宮博物館、景福宮等，雖然形製略有不同，但是畫面內容大致上都相同。屏風左右上方，分別繡著紅色的太陽和白色的月亮，五座山峰象徵五行，兩側會有高大的松樹，山石之間

❖ 圖 1-114　韓國 10,000 韓圓鈔票正面

會有白色的瀑布流瀉下來，屏風下方則是波濤洶湧的水面。整個屏風設計呈現左右對稱，畫面物象則象徵著王權統治天地萬物、生生不息的寓意。韓國 2012 年播出的連續劇「擁抱太陽的月亮」，還曾以《日月五峰圖》屏風為靈感，設計了一款宣傳海報，將歷史典故巧妙地和戲劇結合。

❖ 圖 1-115　韓國 10,000 韓圓鈔票背面

❖ 圖 1-116　《日月五峰圖》刺繡屏風

❿ 韓國 (Korea)．申師任堂

　　申師任堂本名仁善，其子是韓國著名學者李珥。她不僅教育兒子成為大學者，她自己也是一位著名書畫家，堪稱是賢妻良母的典範。兒子被印在 5,000 韓圓正面，她則是被印在 50,000 韓圓上（圖 1-117），她不僅是第一個被印在韓國紙幣的女性，母子檔同時成為韓國鈔票正面肖像也是史上頭一遭，傳為佳話。

　　50,000 韓圓鈔票正面除了印有申師任堂的肖像，背景也以申師任堂的作品《墨葡萄圖》和《草蟲圖》作裝飾。50,000 韓圓背面（圖 1-118），則是融合了韓國另外兩位畫家魚夢龍 (1566-1617) 的《月梅圖》（圖 1-119）和李霆 (1541-1622) 的《風竹圖》（圖 1-120），鈔票設計巧妙地將這兩幅作品融合在一起，梅樹在前，風竹在後，一深一淺、一動一靜，讓鈔票宛若水墨小品，令人賞心悅目。

❖ 圖 1-117　韓國 50,000 韓圓鈔票正面

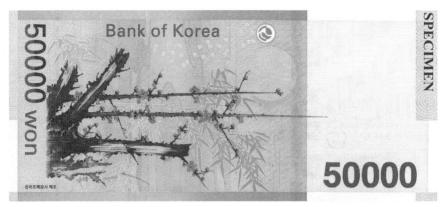

❖ 圖 1-118　韓國 50,000 韓圓鈔票背面

❖ 圖 1-119　魚夢龍，《月梅圖》，年代不詳，水墨紙本，119.4cm×53.6cm，收藏於國立中央博物館（국립중앙박물관）

❖ 圖 1-120　李霆，《風竹圖》，約 17 世 紀 初，水 墨 紙 本，127.5cm×71.5cm，收藏於澗松美術館（간송미술관）

⓫ 新加坡 (Singapore)・水墨畫

　　新加坡的 50 元鈔票的背面（圖 1-121）是新加坡畫家陳文希 (Chen Wen-Hsi，1906-1991) 水墨《兩隻長臂猿在葡萄架上 (Two Gibbons Amidst Vines)》，以及新加坡畫家鐘泗賓 (Cheong Soo-Pieng，1916-1983) 的水墨作品《曬鹹魚 (Drying Salted Fish)》。特別的是，左邊有四項樂器，分別是中國的琵琶、馬來西亞的單面鼓、印度的維納琴、西方的小提琴，象徵新加坡匯集了四種不同的文明。

　　《兩隻長臂猿在葡萄架上》和《曬鹹魚》，可以說是迥異的兩種風格：《兩隻長臂猿在葡萄架上》（圖 1-122）是豪邁奔放的寫意風格；《曬鹹魚》（圖 1-123）則是精緻細膩的工筆風格。

　　寫意風格，是以簡練的筆法，用筆墨的濃淡乾濕變化，來捕捉物象的造型，所以寫意畫常常會使用大量的墨色，畫面也會搭配書法的題詩、落款。例如《兩隻長臂猿在葡萄架上》，畫面除了兩隻生動的猿猴之外，背景的藤蔓也很吸引人的目光。畫家用反差頗大的濃墨和淡墨勾

❖ 圖 1-121　新加坡 50 元鈔票背面

勒出葡萄架的藤蔓，墨線的輕重、乾濕、粗細變化，是不是很有書法線條的韻味？和背景的落款互相呼應，相得益彰。

工筆風格，則是具有畫面物象工整、色彩變化細膩的特色。工筆畫通常會先以細線勾勒出物象的輪廓，並且描摹出很多細節與裝飾，再淡染墨色，而後待前一層的墨色乾了之後，才上後一層的色彩，因此步驟較為繁複耗時。例如《曬鹹魚》中，雖然主題是曬鹹魚，但是畫家對於近景的樹木也十分講究，仔細勾勒出樹葉的輪廓，大大小小的圓點在畫面上具有華麗的裝飾效果。而畫面的色彩，雖然大多只有平塗淡染，但是在物象的邊緣，畫家都有細膩的漸層處理，例如人物的身體、衣著、吃草的羊兒、木架邊緣等等，具有細緻而含蓄的美感。

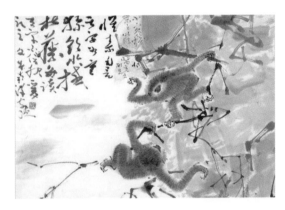

❖ 圖 1-122 陳文希，《兩隻長臂猿在葡萄架上》，20世紀，水墨紙本，尺寸不詳，收藏於新加坡美術館(Singapore Art Museum)

❖ 圖 1-123 鐘泗賓，《曬鹹魚》，1978 年，水墨絹本，55cm×88cm，收藏於新加坡國家畫廊 (National Gallery Singapore)

⑫ 斯里蘭卡 (Sri Lanka)・獅子岩天女

斯里蘭卡 2,000 盧比 (Rupee)，鈔票背面（圖 1-125）為獅子岩洞中的古代壁畫 Sigiri fresco。位於斯里蘭卡斯基里亞 (Sigiriya) 的巨岩王朝（又稱獅子岩 Sigiriya Lion Rock），被譽為世界第八大奇跡，是名副其實構築在橘紅色巨岩上的空中宮殿。範圍包含護城河、花園廣場、巨大的岩石，及建築在岩石頂端，磚紅色的空中城堡。2004 年中，考古學家在鏡牆外牆發現激似螃蟹的「人造八爪機械板車」圖案，懷疑這是當年用以攀爬岩壁來運送建材的器具。整座獅子岩壁畫原有五百餘幅，繪有迦葉波一世的嬪妃、天女等幾十個女性像，各以紅、黃、綠、黑為主色，她們頭戴寶冠，身披纓絡，上身裸露，下身藏在煙霧瀰漫的雲氣中，似飛天散花的曼妙姿態，令人讚歎不已。這些僅存的壁畫（圖 1-126）是斯里蘭卡古代藝術珍品，也是古代東南亞四大藝術勝蹟之一。

❖ 圖 1-124 斯里蘭卡 2,000 盧比鈔票正面

❖ 圖 1-125　斯里蘭卡 2,000 盧比鈔
票背面

❖ 圖 1-126　古代壁畫，保存於
斯里蘭卡斯基里亞的獅子岩中

美洲、
大洋洲
America,
Australasia

❶ 阿根廷 (Argentina)・ 征服荒漠

　　阿根廷 100 披索 (Peso)，鈔票背面（圖 1-127）為烏拉圭油畫畫家
胡安 ・ 馬努埃爾 ・ 布拉內斯 (Juan Manuel Blanes, 1830-1901) 於 1879
年繪製的《征服荒漠》（圖 1-128），是一場軍事活動，主要由胡利奧 ・
阿根廷諾 ・ 羅卡將軍指揮，目的是確立阿根廷對居住於巴塔哥尼亞原
住民之支配。這場軍事活動暗示了阿根廷政府對原住民部落的一場種族
滅絕行動。

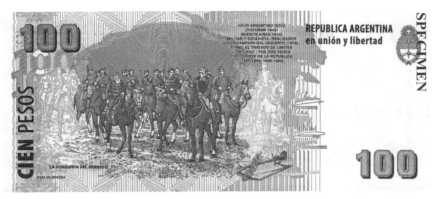

❖ 圖 1-127 阿根廷 100 披索鈔票背面

❖ 圖 1-128 胡安 · 馬努埃爾 · 布拉內斯,《征服荒漠》,1879 年,油畫,
收藏於布宜諾斯艾利斯國家歷史博物館

❷ 阿根廷 (Argentina)・ 五月革命

　　阿根廷500披索鈔票背面（圖1-129）為阿根廷油畫《五月革命》（圖1-130），作品描述 1810 年 5 月 22 日，革命領袖馬里亞諾・莫雷諾和曼努埃爾・貝爾格拉諾等人，在布宜諾斯艾利斯市政廳內一起討論革命形勢，開啟了南美洲西班牙殖民地阿根廷的第一次獨立運動。

❖ 圖 1-129 阿根廷 500 披索鈔票背面

❖ 圖 1-130 《五月革命》，油畫

❸ 阿根廷 (Argentina) · 獨立戰爭

　　阿根廷的 1,000 披索鈔票正面（圖 1-131），是阿根廷將領聖馬丁 (José de San Martín, 1778-1850) 的畫像，鈔票背面（圖 1-132）是阿根廷畫家巴萊里尼 (Augusto Ballerini, 1857-1897 年) 所繪的油畫作品《翻越安地斯山脈 (El paso de los Andes)》（圖 1-133）。

❖ 圖 1-131 阿根廷 1,000 披索鈔票正面

❖ 圖 1-132 阿根廷 1,000 披索鈔票背面

聖馬丁是南美洲西班牙殖民地獨立戰爭的領導人之一，被視為解放南美洲的民族英雄，他參與諸多重要戰役，其中，1817 年他率領精心訓練的安地斯軍，越過安地斯山脈，出其不意地攻擊智利的西班牙守軍，徹底擊敗敵人，這場戰役讓南美洲的獨立戰爭轉守為攻，意義重大。《翻越安地斯山脈》這件作品，描繪出安地斯山的陡峭與險峻，聖馬丁與他的軍隊，在崎嶇山巒之間顯得堅毅不拔。

❖ 圖 1-133　巴萊里尼，《翻越安地斯山脈》，1890 年，油畫，尺寸不詳，收藏於阿根廷國家歷史博物館 (Museo Histórico Nacional, Argentina)

❹ 澳洲 (Australia)．樹皮畫

　　澳洲的 1 元鈔票的正面（圖 1-134），是原住民藝術家大衛．馬朗奇 (David Malangi, 1927-1999) 的樹皮畫《岡米倫古葬禮 (Gunmirringu Mortuary Rites)》，描繪他們的祖先──偉大的獵人岡米倫古的葬禮，這個故事被視為是曼赫努族 (Manharrngu) 葬禮儀式的起源。

　　樹皮畫通常會運用礦石作為顏料，調出紅、黃、黑、白等顏色，在樹皮上畫出澳洲當地的動物，例如袋鼠、鱷魚等，或是原住民的生活、傳統故事等。作畫用的樹皮不能有斑點、裂紋，也不能有白蟻蛀洞。為了防止捲曲，還需要先把樹皮薰烤、壓平，相當具有特色。

　　馬朗奇曾經以《岡米倫古葬禮》（圖 1-135）為主題，畫了多張作品，其畫面大致上皆十分類似──岡米倫古躺在畫面中央，右邊有一條大蛇，左右各有蹲跪的人，拿著像是剪刀的東西，其他散佈在畫面空白處的橢圓形物品和像是羔羊的動物，則應該是殉葬品。畫面以線條和點排列組合出各種圖樣，豐富而飽滿，裝飾感強烈，同時具有原始藝術的純樸風格。

❖ 圖 1-134 澳洲的 1 元鈔票正面

❖ 圖 1-135　馬朗奇，《岡米倫古葬禮》，
　　1970，樹皮畫，69cm×53cm，收藏地不詳

❺ 玻利維亞 (Bolivia)・畫家佩雷茲

　　玻利維亞 1986 年發行的 50 Bolivianos（圖 1-136），正面為畫家佩
雷茲・德・奧爾金 (Melchor Perez de Holguin, 1665-1724)，是巴洛克
時期的畫家，其代表作為：《最後的審判》、《教會的勝利》。

❖ 圖 1-136　玻利維亞 50 Bolivianos 鈔票正面

❻ 巴西 (Brazil)・ 征服亞馬遜河

　　巴西 5 克魯塞羅 (Cruzeiro)，鈔票背面（圖 1-137）為巴西畫家
Antônio Parreiras (1860-1937) 油畫作品《征服亞馬遜河 (A Conquista do
Amazonas)》（圖 1-138），該畫的場景是描繪葡萄牙征服亞馬遜河及
周邊地區，並占領土人組織探險隊的成功紀錄。

❖ 圖 1-137 巴西 5 克魯塞羅鈔票背面

❖ 圖 1-138 Antônio Parreiras，《征服亞馬遜河》，1907 年，油畫，400 cm×
800 cm，收藏於帕拉州歷史博物館 (Museu Histórico do Estado do Pará)

❼ 智利 (Chile)・聖地牙哥的奠基

　　智利 1994 年發行的 500 披索（圖 1-139），正面是佩德羅・瓦爾迪維亞（Pedro de Valdivia，活躍於 16 世紀）的肖像，他是西班牙指派的首任智利總督，同時也是聖地牙哥城的建立者，他於 1541 年 2 月 12 日下令建城。背面的畫作（圖 1-140）則是描繪當時先人披荊斬棘建城的歷史畫。這幅油畫作品《聖地牙哥奠基 (The Founding of Santiago)》（圖 1-141），由智利畫家佩德羅・里拉 (Pedro Lira, 1845-1912) 於 1888 年前後所創作，現藏於智利國家歷史博物館 (Museo Histórico Nacional)。里拉將主要人物放在畫幅的中心位置，透過主角盔甲等深色衣著，和配角人物的黃色、白色等淺色衣著產生對比，來凝聚視覺焦點。畫中主角瓦爾迪維亞指揮若定，士兵和印地安人共同開拓這塊土地，遠方山巒連綿至雲際之間，成功營造出歷史畫作的磅礴氣勢。

❖ 圖 1-139 智利 500 披索鈔票正面

❖ 圖 1-140 智利 500 披索鈔票背面

❖ 圖 1-141 佩德羅‧里拉，《聖地牙哥奠基》，1888 年，油畫，250cm×400cm，收藏於智利國家歷史博物館

❽ 智利 (Chile)‧蘭卡瓜戰役

　　智利 10,000 埃斯庫多 (Escudo)，鈔票背面（圖 1-142）為智利著名的畫家和漫畫家 Pedro Subercaseaux(1881-1956) 的油畫作品《蘭卡瓜戰役（Battle of Rancagua）》（圖 1-143），畫中描繪的是 1814 年 10 月 2 日，在西班牙統治時期，一場發生在智利蘭卡瓜的獨立戰爭。

❖ 圖 1-142 智利 10,000 埃斯庫多鈔票背面

❖ 圖 1-143 Pedro Subercaseaux，《蘭卡瓜戰役》，油畫

❾ 哥倫比亞 (Colombia)‧瓜杜阿斯廣場

　　1995 年哥倫比亞發行的 10,000 披索，鈔票背面（圖 1-144）描繪瓜杜阿斯廣場 (Guaduas Plaza)。瓜杜阿斯是哥倫比亞中部的的一座小城，是幫助哥倫比亞獨立女英雄莎拉薇莉艾塔 (Policarpa Salavarrieta, 1795-1817) 的故鄉。她在獨立戰爭期間，利用裁縫技能潛入官員家中幫傭，

藉此竊取機密情報給革命軍。1995 年適逢她誕辰 200 周年，因此哥倫比亞政府發行這套鈔票以紀念其貢獻。

　　鈔票背面的風景，描繪了廣場、四周建築物與遠方山巒，行人、羊群與狗穿插其中，呈現出寧靜的氛圍。這座小城目前人口僅約 33,000 人，距離首都波哥大約 105 公里，但是卻因為這位女英雄而名聞遐邇，當地在其故居設立了一座博物館 (Casa Museo Policarpa Salavarrieta)（圖 1-146），以紀念這位對哥倫比亞貢獻卓越的人物。

　　《瓜杜阿斯廣場風光 (Guaduas Plaza)》（圖 1-145）是由畫家愛德華 · W · 馬克 (Edward Walhouse Mark, 1817-1895) 所畫的水彩風景。愛德華 · W · 馬克生於西班牙，他父親擔任英國政府的代辦工作，他後來也成為英國領事代表，在 1846 至 1856 年被派駐在哥倫比亞的波哥大。他雖然不是專業畫家，但是畫風清新淡雅。

❖ 圖 1-144 哥倫比亞 10,000 披索鈔票背面

❖ 圖 1-145 愛德華・W・馬克，《瓜杜阿斯廣場風光》，年代不詳，水彩紙本，17cm×69cm，收藏於哥倫比亞共和銀行 (Banco de La Republica)

❖ 圖 1-146 莎拉薇莉艾塔雕像，收藏於 Casa Museo Policarpa Salavarrieta

❿ 哥斯大黎加 (Costa Rica)‧ 咖啡與香蕉

有著「中美洲瑞士」之稱的哥斯大黎加，咖啡與香蕉長期以來一直是主要出口商品。哥斯大黎加 1989 年版的 5 克朗鈔票（圖 1-147），即是描繪了 19 世紀末哥斯大黎加經濟型態的樣貌。

這張鈔票圖案來自哥斯大黎加國家劇院 (The Teatro Nacional de Costa Rica) 天花板的畫作《咖啡與香蕉的寓言 (Alegoría del café y el banano)》（圖 1-148）。在這幅作品裡，義大利畫家阿萊亞爾多‧維拉 (Aleardo Villa, 1865-1906) 描繪出咖啡與香蕉的豐收景象。畫面有些地方並不合理，例如農人很難懷抱整串沈重香蕉，而且咖啡生長於中高海拔的地方，並非生長於海邊。這有可能是因為畫家生活於歐洲，對於熱帶植物並不熟悉；也有可能畫家只是為了畫面構圖的視覺效果，因此著重在人物姿態與佈局的美感，而調整了實際的農作情形。無論如何，這幅作品歌詠了農人的辛勞與貢獻，作為鈔票的圖案，彷彿提醒著國民要飲水思源，不要忘記國家經濟的命脈。

❖ 圖 1-147 哥斯大黎加 5 克朗鈔票

❖ 圖 1-148 維拉，《咖啡與香蕉的寓言》，1897 年，油畫，340cm×752cm，
收藏於哥斯大黎加國家劇院

⑪ 墨西哥 (Mexico)・革命

　　墨西哥 100 披索鈔票（圖 1-149）印有墨西哥壁畫家斯克拉思 (David
Alfaro Siqueiros, 1896-1974) 的作品《墨西哥革命 (Del Porfirismo a la
Revolución)》，作品現藏於墨西哥查普爾特佩克城堡 (Castillo de
Chapultepec) 國立歷史博物館。查普爾特佩克城堡是美洲大陸唯一的皇
家城堡，19 世紀時墨西哥第二帝國的國王曾以這裡為住所。這幅壁畫
相當巨大，館方特地為了這件作品開闢了一間展覽廳（圖 1-151），沿
著牆面蜿蜒延伸。

　　墨西哥以壁畫藝術聞名，政府機關、學校、圖書館、博物館等公共
空間，常常都可以看到壁畫。在 20 世紀上半葉，斯克拉思、里維拉
(Diego Rivera, 1886-1957)、奧羅斯科 (Jose Clemente Orozco, 1883-1949)
積極推動墨西哥壁畫運動，三人並稱墨西哥「壁畫三傑」，對於墨西哥
壁畫藝術影響深遠。

墨西哥的壁畫特色,是以巨大的圖像、鮮艷的色彩,展現墨西哥人豐富的想像力和熱情。《墨西哥革命》(圖 1-150)這件作品創作於1957 年至 1966 年,耗時多年,描繪墨西哥人民 1910 年反抗迪亞斯 (Porfirio Diaz, 1830-1915) 獨裁政權的革命過程,畫面分為很多段,呈現了獨裁者的暴政、工人揭竿起義、戰士壯烈犧牲等革命場景。畫家藉由圖像和色彩來敘述墨西哥的歷史,讓不識字的文盲也能透過繪畫來認識自己的文化,具有深刻的教化意義。

❖ 圖 1-149 墨西哥 100 披索鈔票

❖ 圖 1-150 斯克拉思,《墨西哥革命》,1957-1966 年,壓克力、夾板,尺寸不詳,收藏於墨西哥查普爾特佩克城堡國立歷史博物館 (Museo Nacional de Historia, Castillo de Chapultepec, Mexico City)

❖ 圖 1-151　《墨西哥革命》展覽廳

⑫ 墨西哥 (Mexico)・藝術伴侶

　　2010 年版的墨西哥 500 披索，以墨西哥相當著名的兩位畫家弗烈達・卡蘿 (Frida Kahlo, 1907-1954) 以及她的丈夫迪耶戈・里維拉 (Diego Rivera, 1886-1957) 作為主角。正面（圖 1-152）是迪耶戈的肖像，和他的作品《人體與海芋 (Nude with Calla Lilies)》（圖 1-154）；背面（圖 1-153）是弗烈達的肖像，以及她的作品《愛的擁抱 (The Love Embrace of the Universe, the Earth(Mexico), Myself, Diego and Señor Xólotl)》（圖 1-155）。弗烈達是一位具有傳奇色彩的女畫家，她有著剛毅不屈的性格，畫作時而流露出生命的掙扎。2002 年上映的電影《揮灑烈愛 (Frida)》，即是描述弗烈達的生平。她幼時罹患小兒麻痺，18 歲時又遭遇了嚴重的車禍，造成行動不便，甚至使她無法生育。她一生經歷多次大手術，繪畫成為她轉移痛楚的寄託。除了多舛的命運，弗烈達的情路也很坎坷。她的丈夫婚後多次出軌，甚至染指她的妹妹。她的婚姻多次分合，卻又糾葛難捨。她的自畫像有時會以支離破碎的物象來象徵內心

❖ 圖 1-152 墨西哥 500 披索鈔票正面

❖ 圖 1-153 墨西哥 500 披索鈔票背面

❖ 圖 1-154 迪耶戈，《人體與海芋》，1944 年，油畫，157cm×124cm，私人收藏 (Emilia Guzzy de Golvez)

❖ 圖 1-155 弗烈達，《愛的
擁抱》，1949 年，油畫，
70cm×60.5cm，吉爾曼夫
婦收藏 (Jacques and Natasha
Gelman)

的感受，讓人震撼與不捨。這張鈔票彷彿暗喻了弗烈達和迪耶戈之間的
關係：宛若一張紙的正反兩面，充滿對比，卻又命運相連。

在鈔票上以畫家夫婦檔出現，除墨西哥上述 500 披索的迪耶戈 ‧
里維拉及弗烈達 ‧ 卡蘿外，難得還有一對：

丹麥 1,000 克朗，鈔票正面（圖 1-156）為丹麥斯卡恩 (Skagen) 畫派
最著名的畫家米切爾 (Michael Ancher, 1849-1927) 和安娜 (Anna Ancher,
1859-1935) 夫婦，相同愛好，畫壇齊名，夫唱婦隨，著實不易。

斯卡恩畫派在丹麥可謂家喻戶曉，他們的繪圖作品一直都是丹麥收
藏者的珍品。在丹麥最北端的小城斯卡恩，當地的光線特別美，映照在
海洋、天空，因此吸引了許多丹麥畫家，而形成獨樹一格的繪畫風格，
相互畫像、海港、戶外、花園、聚會、漁民都是他們的題材來源，逐漸
被稱為斯卡恩畫派，筆尖傳達情感韻味，令人感動莫名。

❖ 圖 1-156 丹麥 1,000 克朗鈔票正面

⓭ 美國 (United States)‧獨立宣言

　　美國 2 元紙鈔，背面（圖 1-157）印有美國畫家約翰‧特朗布爾 (John Trumbull, 1756 -1843) 完成於 1819 年的巨幅油畫《獨立宣言 (The Declaration of Independence)》（圖 1-158）。這件作品高達 370 公分，寬 550 公分，現藏於美國國會大廈大廳 (The United States Capital Rotunda)。

　　這幅作品描繪 1776 年《獨立宣言》起草的過程。當時第二屆大陸會議在費城召開，會議選出委員會，負責草擬脫離英國獨立的宣言，畫面是委員遞交草稿的情形。畫面中央站立者，是宣言起草委員會的 5 個成員，從左到右依序是約翰‧亞當斯 (John Adams)、羅傑‧謝爾曼 (Roger Sherman)、羅伯特‧利文斯頓 (Robert R. Livingston)、湯瑪斯‧傑弗遜 (Thomas Jefferson) 和本傑明‧佛蘭克林 (Benjamin Franklin)。

　　以往許多不熟悉美國歷史的人，很容易將畫中的傑弗遜誤以為是美

國國父華盛頓 (George Washington)。其實，華盛頓並未出現在畫中，因為華盛頓當時是軍隊的指揮官，並未參與《獨立宣言》的起草。

　　這件作品具有新古典主義的典型特色，畫家用嚴謹的透視畫出房間格局，門窗、樑柱左右對稱，畫面穩定而均衡。畫面大部份的人物都位於中央水平線的下方，唯獨起草宣言的五位人物立於中心位置，所有人的目光都集中在他們身上，凸顯他們在起草宣言過程的重要性。光線從右上方照向他們的臉龐，表情莊嚴，昂然獨立，象徵美國追求主權獨立的堅定意志。

❖ 圖 1-157　美國 2 元紙鈔背面

❖ 圖 1-158　特朗布爾，《獨立宣言》，1819 年，油畫，370cm×550cm，收藏於美國國會大廈大廳

⓮ 烏拉圭 (Uruguay)・ 畫家佩德羅

　　烏拉圭 200 披索正面（圖 1-159）為畫家、律師、作家佩德羅 · 費加里 (Pedro Figari, 1861-1938)，背面（圖 1-160）為其代表作：《Baile Antiguo(Old Dance)》（圖 1-161），畫風偏印象派，著重捕捉特定時刻的本質與感覺。在 60 歲時，他搬到了阿根廷的首都布宜諾斯艾利斯。他的貢獻在於用色彩創造了生動的形象，重新詮釋烏拉圭的風土民情，包括當地牧人的生活、慶祝活動、象徵性的儀式和狂歡節，以及當地的黑人社區。

❖ 圖 1-159 烏拉圭 200 披索鈔票正面

❖ 圖 1-160 烏拉圭 200 披索鈔票背面

❖ 圖 1-161　《Baile de Otro Tiempo s/f.》，油畫，尺寸不詳

⓯ 委內瑞拉 (Venezuela)・ 獨立宣言的簽署

　　委內瑞拉 1,000 玻利瓦爾 (Bolivar)，鈔票背面（圖 1-162）為委內瑞拉油畫《獨立宣言的簽署 (Signing of the Declaration of Independence)》（圖 1-163）。委內瑞拉在 1810 年一場政變脫離了西班牙統治，且於 7 月 5 日宣布獨立，而獨立文書則由委內瑞拉各州代表簽署。雖宣布獨立，但戰爭仍未結束，直至西蒙・玻利瓦這位南美洲著名的獨立英雄領導，才終於在 1821 年正式完全獨立。

❖ 圖 1-162 委內瑞拉 1,000 玻利瓦爾鈔票背面

❖ 圖 1-163《獨立宣言的簽署》，油畫

⑯ 委內瑞拉 (Venezuela)・ 阿亞庫喬戰役

委內瑞拉 2,000 玻利瓦爾，鈔票背面（圖 1-164）為委內瑞拉油畫《阿亞庫喬戰役 (Battle of Ayacucho)》（圖 1-165），是南美獨立戰爭中最重要也是最著名的戰役（1824 年 12 月 9 日），在秘魯阿亞庫喬平原，玻利瓦爾部將蘇克雷率軍與西班牙主力部隊在此開戰，當時西班牙的美

洲屬地已大部獲得解放，只有秘魯仍由殖民者控制。1823 年，哥倫比亞共和國總統玻利瓦爾應秘魯愛國者的請求，率軍進入秘魯，徹底擊敗西班牙殖民軍，俘虜西班牙的秘魯總督拉塞爾納和 14 名將軍、300 餘名校官以及士兵 3,000 多人，故此戰又稱「將軍之戰」。這場戰役保證了秘魯的獨立，結束了西班牙對拉美大陸 300 餘年殖民統治。

❖ 圖 1-164　委內瑞拉 2,000 玻利瓦爾鈔票背面

❖ 圖 1-165　Martín Tovar y Tovar，《阿亞庫喬戰役》，油畫，收藏於委內瑞拉的拉斯維加斯國家藝術畫廊

二、立體藝術

歐洲
Europe

❶ 克羅埃西亞 (Croatia)‧ 克羅埃西亞之母

　　克羅埃西亞 100,000 第納爾 (Dinara)，鈔票背面（圖 1-166）為克羅埃西亞雕塑家伊凡 ‧ 梅斯特羅維奇 (Ivan Mestrovic, 1883-1962) 的作品《克羅埃西亞之母 (Mother Croatia)》（圖 1-167），被譽為 20 世紀最偉大的雕塑家之一。此作品為雕塑家刻畫母親的形象，她大腿上的石碑有「克羅地亞史」刻印，訴說著端莊的女強人，保有克羅地亞文化、傳統和身份，詮釋了「母親」在克羅埃西亞人民心目中的形象和象徵。

❖ 圖 1-166 克羅埃西亞 100,000 第納爾鈔票背面

❖ 圖 1-167 伊凡 · 梅斯特羅維奇，《克羅埃西亞之母》，青銅像，位於克羅埃西亞薩格勒布大學法學院 (University of Zagreb, Faculty of Law) 大樓前面

❷ 賽普勒斯 (Cyprus) · 酒神之家馬賽克

　　馬賽克是建築的一種裝飾手法，地中海小島賽普勒斯在舊版的 1 鎊紙鈔上，正面（圖 1-168）即印有希臘神話的女神愛克米 (Acme) 的馬賽克作品。這件馬賽克作品位於帕福斯 (Paphos) 的古蹟「酒神之家 (The

House of Dionysus）」（圖 1-169）。帕福斯這座城市有著豐富的人文與自然資產，被聯合國教科文組織列為世界遺產之一。這件馬賽克作品約作於西元 2、3 世紀，描寫愛克米和酒神飲酒的景象，這件作品也曾作為賽普勒斯的郵票圖像，由此可見受歡迎的程度。

❖ 圖 1-168 賽普勒斯舊版 1 鎊鈔票正面

❖ 圖 1-169 賽普勒斯帕福斯酒神之家馬賽克裝飾，約西元 3 世紀

❸ 丹麥 (Denmark)・教堂浮雕

❖ 圖 1-170 丹麥 50 克朗鈔票背面

❖ 圖 1-171 蘭迪特教堂 (Landet Church) 牆面石刻半人半獸浮雕

　　丹麥 2003 年發行的鈔票中（圖 1-170、1-172、1-178），運用了許多教堂浮雕（圖 1-171、1-173、1-179）作為裝飾。200 克朗 (Kroner) 背面（圖 1-174），以丹麥歷史悠久的維堡大教堂 (Viborg Cathedral) 牆面上的石刻獅子浮雕為圖案（圖 1-175）。獅子昂首張嘴，前腳蜷縮、後腳伸長，有一種充滿警戒、蓄勢待發的動感。由於這件浮雕是作為牆面

上的裝飾，很可能為了配合磚石的造型，所以刻劃獅身壓低，尾巴拉長向前，讓整體姿態呈現長方形。

　　500 克朗背面（圖 1-176）是以位於日德蘭半島北邊的里莫教堂 (Lihme Church) 所藏的禮拜用石製器皿雕飾為圖案（圖 1-177、圖 1-180）。雕飾描繪一個勇者手持盾牌與利劍，刺向一隻惡龍。雕飾造型古拙可愛，人物胖短的四肢與怪獸圓渾的尾巴，具有古老雕刻的稚趣美感。勇者身軀前傾、跨步向前的姿態，顯得無畏無懼，將決鬥的勇氣表現得自然而生動。

❖ 圖 1-172 丹麥 100 克朗鈔票背面

❖ 圖 1-173 丹麥神話動物 Basilisk 石刻浮雕

❖ 圖 1-174　丹麥 200 克朗鈔票背面

❖ 圖 1-175　維堡大教堂牆面石刻獅子浮雕

❖ 圖 1-176　丹麥 500 克朗鈔票背面

❖ 圖 1-177　里莫教堂石製禮器上的盔甲
　　　武士與龍浮雕（局部）

❖ 圖 1-178 丹麥 1,000 克朗鈔票背面

❖ 圖 1-179 Bislev 教堂牆面石刻古
代武士騎馬比武浮雕

❖ 圖 1-180 里莫教堂禮器，石製

❹ 希臘 (Greece)‧雅典娜

　　希臘 100 德拉克馬 (Drachmae)，鈔票正面（圖 1-181）為雅典娜雕
像 (Athena，圖 1-182)，雅典娜是希臘神話中的智慧女神，而雅典城是
以她命名並受守護。雅典娜結合了智慧女神、戰爭女神、占卜女神、建

築女神、手工藝女神於一身，為神話中宙斯的女兒，是少有的處女神，與赫斯提亞、阿耳忒彌斯並稱為希臘三大處女神，在詩歌中，她是智慧，理性和純潔的象徵。

❖ 圖 1-181　希臘 100 德拉克馬鈔票正面

❖ 圖 1-182　《雅典娜雕像》，收藏於希臘首都雅典的比雷埃夫斯考古博物館 (Archaeological Museum of Piraeus)

❺ 希臘 (Greece)・農業的傳授

　　希臘的 500 德拉克馬正面（圖 1-183）是收藏於希臘雅典國家考古博物館的厄琉息斯 (Eleusis) 出土的特里普托勒摩斯浮雕（圖 1-184）。厄琉息斯是希臘一處地名，這件浮雕約為西元前 5 世紀的作品，描繪景象和當地崇拜希臘女神狄蜜特 (Demeter) 的宗教儀式有關。狄蜜特是希臘神話中司掌農業的女神，她為了尋找女兒普西芬妮 (Persephone) 的下落，化身為老嫗來到人間，行經厄琉息斯時受到國王的禮遇，並且教了王子特里普托勒摩斯 (Triptolemus) 農耕技術。學成之後，特里普托勒摩斯便到希臘各地教導人們種植作物。浮雕中間即是特里普托勒摩斯，他正從左邊農業女神狄蜜特的手中接下作物種子，右側的普西芬妮則將手按在他的頭上以保護他。

❖ 圖 1-183 希臘 500 德拉克馬鈔票正面

❖ 圖 1-184 《特里普托勒摩斯像》，約西元前 440-430 年，大理石，高 218cm，收藏於希臘雅典國家考古博物館 (National Archaeological Museum, Athens)

❻ 希臘 (Greece)‧擲鐵餅者

希臘的 1,000 德拉克馬正面（圖 1-185）為希臘神話中的太陽神阿波羅 (Apollo) 的大理石雕像，背面（圖 1-186）為《擲鐵餅者》，約西元前 5 世紀的古希臘原創作者米隆以青銅雕刻，現今已失傳，羅馬國立博物館、梵蒂岡博物館、特爾梅博物館皆有收藏大理石雕複製品（圖 1-187）。

藝術史「古典時期」為公元前 449 年到公元前 334 年，亦即古希臘雕塑的全盛時期。《擲鐵餅者》是一名強健的男子在體育競技活動擲鐵餅過程中，展現力的瞬間，是力與美的完美體態，雖然原作已經失傳，但仍能從複製品中感受那強烈爆發力，雕像的重心在右腿上，成了整個旋轉的軸心，即使身體彎曲也能保持穩定性。《擲鐵餅者》被認為是「空間中凝固的永恆」，至今仍是運動家的精神象徵。

❖ 圖 1-185　希臘的 1,000 德拉克馬鈔票正面

❖ 圖 1-186　希臘 1,000 德拉克馬鈔票背面

❖ 圖 1-187　米隆，《擲鐵餅者》為古希臘雕刻，青銅，高 173cm，約公元前 450 年，原作已失傳，圖為現今大理石雕複製品，高 152 cm，羅馬國立博物館、梵蒂岡博物館、特爾梅博物館均有收藏

❼ 希臘 (Greece) · 勝利女神

　　希臘的 50 雷普塔 (Lepta)，正面（圖 1-188）為希臘雕塑的勝利女神石雕 (Winged Victory of Samothrace，圖 1-189)，是法國巴黎羅浮宮三大鎮館藝術品 (包括：蒙娜麗莎、維納斯、勝利女神) 之一，陳列在南廊入口的大階梯上，可從不同的高度欣賞展開飛翔的雙翼，散發出的動態之美如同勝利者的雄姿與激情。

　　希臘文中 "Nike" 代表著勝利女神，希臘人認為，在海上的爭戰中奪得勝利，一定是 Nike 女神展翅降臨在勝利的戰船上方。勝利女神石雕是於 1863 年愛琴海薩莫色雷斯島 (Samothrace) 所發現，當時頭與雙臂皆已遺失，但因而更彰顯出飛揚的弧度，讓沉重的大理石如同輕巧的羽毛般，在風中翩翩起舞。

　　翅膀的弧線更成為了知名球鞋品牌的商標來源，可稱作是跨世代商業與文藝的結合巨作呢！

❖ 圖 1-188 希臘的 50 雷普塔鈔票正面

❖ 圖 1-189　《薩莫色雷斯的勝利女神》，約西元前 190-200 年，大理石，高 328cm，收藏於法國巴黎羅浮宮 (Musée du Louvre)

❽ 義大利 (Italy)・歌劇女祭司

　　義大利的 5,000 里拉 (Lire)，正面（圖 1-190）是 19 世紀的歌劇作曲家貝里尼 (Vincenzo Bellini, 1801-1835) 的肖像。

　　背面（圖 1-191）是以其知名作品《諾爾瑪 (Norma)》的一幕為雕塑。貝里尼成名甚早，《諾爾瑪》是他 1831 年在史卡拉歌劇院推出的歌劇，以西元前的羅馬共和為背景，描寫女祭司諾爾瑪 (Norma) 違背清規和總督發生不倫之戀，而後卻遭到總督移情別戀的悲劇，故事將諾爾瑪內心的衝突與痛苦，刻劃得深刻動人。圖中演唱者側著頭、手舉向天的模樣，彷彿舉手投足之間也將女主角內心的掙扎傾吐出來，可以想像那歌聲是多麼嘹亮高亢。

IL GOVERNATORE

IL CASSIERE

❖ 圖 1-190 義大利 5,000 里拉鈔票正面

❖ 圖 1-191 義大利 5,000 里拉鈔票背面

❾ 義大利 (Italy)‧ 米開朗基羅

　　義大利的 10,000 里拉正面（圖 1-192）為米開朗基羅‧迪‧洛多維科‧博那羅蒂‧西蒙尼 (Michelangelo di Lodovico Buonarroti Simoni, 1475-1564)，與達文西和拉斐爾並稱「文藝復興藝術三傑」，其巨作包括《大衛像》、《創世紀》、《最後的審判》、《哀悼基督》等。

　　鈔票背面（圖 1-193）為米開朗基羅所設計的羅馬市政廳 (Palazzo Senatorio，圖 1-194)，是 1536 年米開朗基羅受教皇委託設計的卡比托利歐廣場 (Piazza del Campidoglio)，是歷史上最傑出的建築之一。廣場地面上有放射狀的幾何圖形，廣場左側為新宮 (Palazzo Nuovo)，是根據他的設計於 1645 年重建後的風貌；右側是保守宮 (Palazzo dei Conservatori)，中世紀晚期是法院，後依據米開朗基羅的設計於 16 世紀重建；入口則是由雙子星守護的大台階 (Coronata，圖 1-195)。

❖ 圖 1-192 義大利 10,000 里拉鈔票正面

❖ 圖 1-193 義大利 10,000 里拉鈔票背面

❖ 圖 1-194 米開朗基羅設計的鐘樓和建於 12 世紀的元老院,為現今的羅馬市政廳,1536 年

❖ 圖 1-195 米開朗基羅設計的由雙子星守護的大台階

❿ 義大利 (Italy)．巴洛克雕塑的光輝

　　義大利藝術家貝尼尼 (Gian Lorenzo Bernini, 1598-1680)，同時是畫家、建築家和雕塑家，是早期巴洛克藝術的代表人物。義大利 50,000 里拉鈔票（圖 1-196）曾經以他為主角，正面除了印有他的肖像，還印有他的雕塑作品《特里同噴泉 (Triton Fountain)》，背面（圖 1-197）為《君士坦丁騎馬像 (Equestrian Statue of Constantine)》。

　　《特里同噴泉》（圖 1-198）約建於 1642 至 1643 年間，位於羅馬巴貝里尼廣場 (Piazza Barberini)。特里同 (Triton) 是希臘神話中的海之信使，是海王波塞頓 (Poseidon) 的兒子。他大多以人魚的形象出現在藝術作品裡，有著人形的上半身和魚的尾巴，同時會拿著海螺。貝尼尼以壯碩的人體塑造出海神的形象，海神高舉海螺飲水，再讓海螺噴出泉水，巧妙將海神的寓意和噴泉的造型結合。

❖ 圖 1-196 義大利 50,000 里拉鈔票正面

《君士坦丁騎馬像》（圖 1-199）位於聖彼得大教堂大階梯的上階入口處，這個大階梯（圖 1-200）也是由貝尼尼所設計，是教宗從梵蒂岡教廷步行前往聖彼得大教堂的重要通道。貝尼尼巧妙利用階梯寬度、坡度和光線的變化，讓短短的階梯營造出相當深的景深，同時讓光線照亮遠方，彷彿引領著我們，營造出一種神聖的感受。君士坦丁大帝是基督教傳播過程中很重要的帝王，用他來象徵世俗王權與神權的連結，頗具意義。

❖ 圖 1-197　義大利 50,000 里拉鈔票背面

❖ 圖 1-198　貝尼尼，《特里同噴泉》，1642-1643 年，位於羅馬巴貝里尼廣場

❖ 圖 1-199　貝尼尼，《君士坦丁騎馬像 (Equestrian Statue of Constantine)》，1670 年，大理石，位於梵蒂岡聖彼得大教堂大階梯 (Scala Regia, Vatican City) 上階入口處

❖ 圖 1-200　貝尼尼設計的聖彼得大教堂大階梯 (Scala Regia, Vatican City)，《君士坦丁騎馬像》即位於上階入口右側。

⓫ 馬其頓 (Macedonia)・孔雀馬賽克

　　巴爾幹半島的內陸國馬其頓，其發行的 10 代納爾 (Denar) 鈔票正面是西元前三世紀《埃及女神 (Egyptian Goddess Izida)》的雪花石膏雕塑，現由馬其頓羅貝齊博物館 (The Robevi House) 收藏；鈔票背面（圖 1-201）為孔雀圖案，是斯托比古城 (Stobi) 教堂聖殿洗禮臺的馬賽克（圖 1-202、1-203），大約是西元 4、5 世紀的遺跡。

　　古希臘人認為孔雀死後不會腐爛，是永生的象徵，這種觀念後來也影響到早期的基督教，因此許多早期基督教的繪畫或是馬賽克作品，常常會出現孔雀。孔雀飲用泉水，也象徵慕道的基督徒對永恆生命的追求。

❖ 圖 1-201 馬其頓 10 代納爾鈔票背面

❖ 圖 1-202 馬其頓斯托比古城教堂聖殿洗禮臺，約建於 4、5世紀

❖ 圖 1-203 斯托比古城教堂聖殿洗禮臺孔雀造型馬賽克裝飾

⓬ 馬其頓 (Macedonia)．黃金面具

　　馬其頓 500 代納爾鈔票正面（圖 1-204）是著名的黃金死亡面具
(Golden Death Mask，圖 1-205)。黃金面具出土於馬其頓奧赫里德(Ohrid)
附近，約製於西元前 6 世紀。根據考古學家的研究，這種面具被視為是
聯繫人間與死後生活的媒介。馬其頓在 20 世紀初出土了多個黃金面具，
但是很可惜的，這些面具大都因為戰亂而流散在外，收藏在保加利亞或
塞爾維亞等國家。

❖ 圖 1-204　馬其頓 500 代納爾鈔票正面

❖ 圖 1-205　《黃金死亡面具》，出土於馬其頓，
　約西元前 6 世紀

⓭ 挪威 (Norway)‧ 船商守護神

　　挪威的 10 克朗，鈔票背面（圖 1-206）左側是羅馬神話中為眾神傳遞信息的使者墨丘利 (Mercury)，他的主要形象是頭戴附有翅膀的飛行帽，手握魔杖。他健步如飛，被視為是醫藥、旅行者、商人的守護神，因此西方的藥局常以他手杖上纏繞的雙蛇做為標誌。右側則是挪威畫家蘇連遜 (Henrik Sørensen, 1882-1962) 所畫的貨船圖像。

❖ 圖 1-206　挪威的 10 克朗鈔票背面

⓮ 羅馬尼亞 (Romania)‧ 沉思者

　　羅馬尼亞的 200 列伊（Lei），鈔票背面（圖 1-207）是一個新石器時代的陶土塑像，它被稱為《哈曼吉加沉思者 (The Thinker of Hamangia)》（圖 1-208），它和另一件女性坐像同時出土於黑海附近。

沉思者長長的脖子、穩固的姿態、簡潔的五官，優雅中帶有一點憂鬱，讓人不禁跟著好奇它的煩惱。遠古時代的雕塑往往被認為與巫術或是宗教儀式有關，但是這件作品，卻具有濃厚的人情味，實在很難和宗教聯想在一起。它的獨特造型，讓它在新石器時代的許多原始雕塑中顯得格外親切。

❖ 圖 1-207　羅馬尼亞的 200 列伊鈔票背面

❖ 圖 1-208　《哈曼吉加沉思者》，約西元前 5250 至 4550 年，陶土，高 11.5cm，收藏於康斯坦察國立歷史與考古博物館 (National History and Archaeology Museum, Constanta)

⓯ 羅馬尼亞 (Romania)・布朗庫西

　　羅馬尼亞 1992 年版的 500 列伊紙鈔，正面（圖 1-209）是知名雕塑家布朗庫西 (Constantin Brâncuşi, 1876-1957) 的肖像，以及其作品《無盡之柱 (The Endless Column)》、《麥雅斯特拉 (Maiastra)》的局部。鈔票背面（圖 1-210）則是《波嘉尼小姐 (Portrait of Mademoiselle Pogany)》（圖 1-211）、《雄雞 (The Cock)》和《吻之門 (The Gate of Kiss)》等作品的局部。

　　他常常能巧妙地從非洲的原始藝術與羅馬尼亞的民間雕塑中汲取靈感，又融入現代藝術的抽象元素與極簡概念，形塑出自己的個人風格。例如《麥雅斯特拉》這件作品，是取材自羅馬尼亞民間傳說的神鳥，麥雅斯特拉有著絢爛的羽毛，布朗庫西利用昂首矗立的姿態象徵神鳥的崇高感，鼓起凸出的胸腔則彷彿可以唱出嘹亮的啼叫聲，造型簡約卻又饒富趣味。

❖ 圖 1-209 羅馬尼亞 1992 年版的 500 列伊鈔票正面

❖ 圖 1-210 羅馬尼亞 1992 年版的 500 列伊鈔票背面

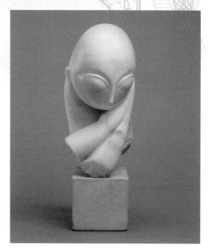

❖ 圖 1-211 布朗庫西,《波嘉尼小姐》,
1912 年,石灰石,收藏於費城藝術博
物館 (Philadelphia Museum of Art)

⓰ 俄羅斯 (Russia)・ 四馬戰車及勝利女神

　　俄羅斯 100 盧布 (Rubles),鈔票正面（圖 1-212）為莫斯科大劇院
(Bolshoi Theatre) 上方四馬戰車及勝利女神塑像 (Quadriga,圖 1-213),
Quadriga 代表勝利的標誌,也是和平的象徵。

❖ 圖 1-212 俄羅斯 100 盧布鈔票正面

❖ 圖 1-213 《四馬戰車及勝
利女神塑像》，莫斯科大
劇院上方

㉗ 俄羅斯 (Russia)・彼得大帝

俄羅斯 500 盧布，鈔票正面（圖 1-214）為位於俄羅斯西南部港口
城市塔甘羅格 (Taganrog) 的彼得大帝紀念碑 (Monument to Peter the
Great，圖 1-215)。彼得一世・阿列克謝耶維奇・羅曼諾夫 (1672-1725)
為俄羅斯帝國羅曼諾夫王朝的沙皇 (1682-1725)，及俄國皇帝 (1721-
1725)。在位期間力行改革，使俄羅斯現代化，人稱彼得大帝。

❖ 圖 1-214 俄羅斯 500 盧布鈔票正面

❖ 圖 1-215 《彼得大帝
紀念碑》，1898 年，
位於俄羅斯西南部港
口城市塔甘羅格

⑱ 西班牙 (Spain)・ 雕塑家瑪利亞諾

　　西班牙 500 比薩塔 (Peseta)，鈔票正面（圖 1-216）為西班牙雕塑家瑪利亞諾 ・ 本休雷 (Mariano Benlliure, 1862-1947)，也是十九世紀現實主義的最後一個大師。鈔票背面（圖 1-217）為本休雷的雕塑作品《加亞雷墓碑雕塑 (Mausoleo de Gayarre)》(圖 1-218)，為紀念已逝的一位西班牙男高音胡里安 ・ 加亞雷 (Julian Gayarre, 1844-1890)。

❖ 圖 1-216　西班牙 500
　比薩塔鈔票正面

❖ 圖 1-217 西班牙 500 比薩塔鈔票背面

❖ 圖 1-218 瑪利亞諾 · 本休雷,《加亞雷墓碑雕塑》

⑲ 瑞士 (Switzerland) · 行走中的男人

　　瑞士 100 法郎 (Franc),鈔票正面(圖 1-219)是雕塑家賈克梅蒂 (Alberto Giacometi, 1901-1966) 的肖像,背面(圖 1-220)的雕像則是其代表作《行走中的男人 (L'Homme qui Marche I)》。賈克梅蒂曾經受到立體派、超現實主義的影響,後來卻創造出自己的風格,以細小、瘦長的肢體表現人體,在現代雕塑中獨樹一格。

　　《行走中的男人》(圖 1-221)是高約 183 公分的銅雕作品,具有編號的正式成品共有 6 件,分別為私人藏家或知名機構所收藏。其中一

件在2010年時，曾經以6,500萬英鎊（約為33億4400萬台幣）的天價，成為當時全球拍賣場上最貴的藝術品。《行走中的男人》瘦長、筆直的行走姿態，彷彿呼應存在主義的哲學思想，將世界大戰後人們孤獨、疏離的感受表達出來，每個人都像獨立的個體，獨自面對無垠的空間。

❖ 圖 1-219 瑞士 100 法郎鈔票正面

❖ 圖 1-220 瑞士 100 法郎鈔票背面

❖ 圖 1-221 賈克梅蒂，《行走中的男人》，1961 年，青銅，高 183cm

⑳ 瑞士 (Switzerland)‧女抽象派藝術家

瑞士 50 法郎鈔票正面（圖 1-222）是女抽象派藝術家索菲亞‧陶貝爾‧阿爾波 (Sophie Taeuber-Arp, 1889-1943)，其鈔票背面（圖 1-223）是索菲亞代表作品：浮雕矩形、木雕《達達的頭》、《奧貝特》、《開放的線》。

❖ 圖 1-222 瑞士 50 法郎鈔票正面

❖ 圖 1-223 瑞士 50 法郎鈔票背面

❖ 圖 1-224 索菲亞，《幾何線條與波浪 (Linien geometrisch und gewellt)》，1940 年，26cm×34.4cm

亞洲
Asia

❶ 印度 (India)・ 甘地的食鹽進軍

　　印度 500 盧比 (Rupee)，鈔票正面（圖 1-225）為印度國父莫罕達斯・卡拉姆昌德・甘地 (Mohandas Gandhi, 1869-1948)，鈔票背面（圖 1-226）為 Devi Prasad Roy Choudhary（1899-1975，印度現代藝術家）雕塑的《甘地食鹽進軍紀念碑 (Gandhi's Salt March Monument)》（圖 1-227），1930 年初，英國政府制定了《食鹽專營法》，將食鹽價格與稅收提高，引起印度人民不滿。在 1930 年 3 月 12 日，印度國父甘地與其支持者為反對此法律，舉行徒步抗議活動，該活動即「食鹽進軍」。

　　抗議活動由甘地帶領 80 名信徒至修道院宣誓，排成隊伍徒步進行，沿途召開群眾大會，倡導非暴力、不合作鬥爭策略，獲得不少印度人民支持，而隊伍愈來愈茁壯，有一千多人，到海邊煮鹽，絕食祈禱，若不讓步，就永遠住在海邊，目的是迫使殖民當局取消食鹽專營法。當記者採訪時，印度各地都舉行示威遊行，反英鬥爭就此展開。此時英國當局

非常不滿，鎮壓百姓及抓走甘地和信徒，讓廣大人民更加不肯屈服，示威遊行愈演愈烈。當局迫不得已，釋放甘地及其信徒，並承認沿海人民煮鹽合法，食鹽進軍獲得初步勝利。

❖ 圖 1-225 印度 500 盧比鈔票正面

❖ 圖 1-226 印度 500 盧比鈔票背面

❖ 圖 1-227 Devi Prasad Roy Choudhary，
《甘地食鹽進軍紀念碑》

❷ 伊拉克 (Iraq)‧雙翼神獸

伊拉克 10 第納爾 (Dinars)，鈔票背面（圖 1-228）是亞述國王薩爾貢二世（Sargon II，西元前 721-705 年在位）宮殿的雙翼神獸拉瑪蘇 (Lamassu) 石刻雕像（圖 1-229）。

薩爾貢二世是著名的亞述國王，他在柯沙巴（(Khorsabad) 建立了壯觀的宮殿，並以精緻的浮雕與建築來宣揚亞述帝國的強盛。亞述帝國的雕刻藝術，擅長運用水平構圖，來表現莊嚴隆重的形象。

拉瑪蘇是一種傳說中的神獸，具有人面、牛身（或獅身）、老鷹的翅膀，和另一種造型相似的神獸捨杜 (Shedu)，常常被成對放置在入口處的左右兩側，共同守護宮殿或城門。圖中的拉瑪蘇，正面看是兩條前腿並列，側面看則是四條腿並列，因此整件雕塑有五條腿，形成奇特的畫面。

❖ 圖 1-228 伊拉克 10 第納爾鈔票背面

❖ 圖 1-229 拉瑪蘇像，約西元前 721-705 年，石灰石，高 400cm，收藏於伊拉克博物館 (the National Museum of Iraq)

❸ 日本 (Japan)・ 武將楠木正成

　　日本 5 錢 (Sen)，鈔票正面（圖 1-230）為日本軍事戰略家、鎌倉幕府末期到南北朝時期著名武將楠木正成 (Kusunoki Masashige, 1294-1336) 的騎馬雕塑（圖 1-231）。因楠木正成用盡一生誓死效忠後醍醐天皇，具忠臣、軍人典範，後人將他視為忠義的象徵，尊稱武神，地位相當於中國武聖關雲長。

❖ 圖 1-230 日本 5 錢鈔票正面

❖ 圖 1-231 《楠木正成騎馬雕塑》

❹ 日本 (Japan)・鳳凰

　　日本的 10,000 日圓 (Yen)，鈔票背面（圖 1-232）是京都平等院鳳凰堂正殿正脊的銅鑄鳳凰（圖 1-233）。「鳳凰堂」是日本早期木構建築的代表，創建於平安時代（西元 1053 年），原名「阿彌陀堂」，因為外型像是欲展翅高飛的飛鳥，而且正殿正脊兩端立有兩隻銅鑄鳳凰像，所以在江戶時期更名為「鳳凰堂」。鳳凰堂體現了古代日本人的生死觀，它參考佛教理論，在水池之西建造了阿彌陀堂，水池之東則是建造象徵今世的拜殿，鳳凰堂成為淨土庭園的象徵。由於平等院具有珍貴的文化價值，它和京都其他古蹟在西元 1994 年被聯合國教科文組織指定為世界文化遺產。

❖ 圖 1-232 日本的 10,000 日圓鈔票背面

❖ 圖 1-233 銅鑄鳳凰（北方像），約平安時代（西元 11 世紀），銅鑄鍛造鍍金，像高 98.8cm，收藏於京都平等院鳳凰堂

❺ 北韓／朝鮮 (Korea North)‧ 千里馬

　　北韓／朝鮮 200 朝鮮圓 (Won) 鈔票正面（圖 1-234）為矗立在北韓／朝鮮萬壽台的丘崗上之千里馬銅像 (Chollima statue，圖 1-235)，總高度為 46 米，長 16 米，基座以 360 多種 2,500 多塊花崗岩疊起來，銅像的前面是勞動階級高舉著朝鮮勞動黨中央委員會的「紅色信紙」，以騎著千里馬的英雄氣勢向前進。展翅的千里馬，活化了整個銅像，象徵以千里馬的氣勢持續革命和前進，朝鮮人民擁有著英雄氣概和不屈不撓的革命精神。

❖ 圖 1-234 北韓／朝鮮 200 朝鮮圓鈔票正面

❖ 圖 1-235 《千里馬銅像》，高 46m× 長 16m

❖ 圖 1-236 北韓／朝鮮 10 朝鮮圓鈔票背面

❖ 圖 1-237《祖國解放戰爭勝利紀念碑》

❖ 圖 1-238 北韓／朝鮮 50 朝鮮圓鈔票背面

❖ 圖 1-239 《建黨 50 週年紀念雕塑》，位於朝鮮首都平壤，各代表了工人、農人、知識份子

❻ 澳門 (Macau)‧媽祖

　　澳門葡萄牙語「媽閣 (Macau)」，即「媽祖閣」之意。媽祖一直是澳門最重要的信仰文化之一。澳門 2005 年由大西洋銀行發行的 10 圓 (Pataca) 鈔票的正面（圖 1-240），即以位於路環山頂公園的媽祖像為主要圖案。

這座媽祖像（圖 1-241），是由澳門藝術家梁晚年先生所設計，由多達 120 塊北京房山漢白玉石雕刻裝嵌而成，是世界上迄今最高的白玉媽祖像，高達 1999 公分，以慶祝澳門在 1999 年回歸中華人民共和國。媽祖像位於澳門的最高點，面向澳門，象徵著對澳門人民的守護。

❖ 圖 1-240　澳門 10 圓鈔票正面

❖ 圖 1-241　梁晚年，《澳門媽祖像》，1999 年，
　　北京房山漢白玉石，高 1999cm

❼ 馬來西亞 (Malaysia)‧國家英雄紀念碑

❖ 圖 1-242　馬來西亞 1 林吉特鈔票背面

❖ 圖 1-243　Felix de Weldon
設計，《國家英雄紀念
碑》，1966 年，青銅，
馬來西亞國會大廈附近

　　馬來西亞 1 林吉特 (Ringgit)，鈔票背面（圖 1-242）為國家英雄紀念碑 (Malaysia National Monument，圖 1-243)，時代背景為馬來西亞於 1948 年共產黨武裝鬥爭後，英殖民政府稱馬來西亞進入緊急狀態，長

達 12 年的游擊戰，至 1960 年解除，死亡人數為 11,000 人。此紀念碑由美國華盛頓的硫磺島浴血戰役紀念碑的著名雕刻師 Felix de Welden 所創作。

此為世界上最高的青銅雕塑，其上有七人，每一人物分別代表：勇氣、領導、犧牲、力量、苦難、團結和警惕，當國家紀念日到來（8 月 31 日），馬來西亞總統及各界領袖會前來獻花環，對此事件的英雄致敬。

❽ 緬甸 (Myanmar)‧護法神獅

緬甸的 5 元 (Kyat)，鈔票正面（圖 1-244）是獅子造型的守護獸 (Chinthe)。守護獸起源於緬甸神話：一位公主和一隻獅子結婚，並產下一子，但是後來這隻獅子被遺棄，憤而侵襲整個國家。公主的兒子決定為民除害，出去討伐這隻獅子，勝利後返家告訴母親，始知這隻獅子原來就是他的父親。犯下弒父滔天大罪的兒子，便製作了獅子的雕像在佛寺入口，以彌補自己的罪過。這種守護獸常見於寶塔或是佛寺的入口處，通常會成對出現，仰光大金寺 (Shwedagon Pagoda) 大門即佇立了一對巨大的守護獸（圖 1-245），相當引人注目。

❖ 圖 1-244 緬甸的 5 元鈔票正面

❖ 圖 1-245 護法神獅，仰光大金寺

❾ 斯里蘭卡 (Sri Lanka)‧ 石獅子

　　斯里蘭卡 10 盧比 (Rupee)，鈔票正面（圖 1-246）為位於斯里蘭卡古都亞帕瓦沃 (Yapahuwa) 的古堡大門處的石刻獅子（圖 1-247）。在中世紀，亞帕瓦沃為斯里蘭卡的首都，為了抵禦外國侵略者，周圍圍繞巨大的 90 米高錫吉里耶岩石堡壘。

❖ 圖 1-246　斯里蘭卡 10 盧比鈔票正面

❖ 圖 1-247　石刻獅子，保
存於斯里蘭卡的亞帕瓦沃
的古堡大門處

❿ 斯里蘭卡 (Sri Lanka)・神鳥面具

　　斯里蘭卡的 20 盧比，鈔票正面（圖 1-248）是一個神鳥造型的面具
（當地稱 Gurulu Raksha）。這種神鳥面具（圖 1-249），很可能是源自
印度神話，又融合了佛教的傳說。在印度神話中，有一隻名叫迦樓羅
(Garuda) 的神鳥，是毗濕奴（Vishnu，印度教三相神之一）騎乘的動物，

毗濕奴賜予這隻神鳥永生不死，同時讓地上的蛇類永遠成為牠的食物。這個神話後來成為佛教天龍八部之一，也傳到東亞、中亞、南亞等地，這個神鳥的意象也被印尼航空公司 (Garuda Indonesia) 運用來做為公司的名字與意象。

　　在斯里蘭卡，有的藝品店會販售這種神鳥面具，因為傳說中，生病是由於被鬼附身，所以當村子裡有人生病了，村民會穿戴面具跳舞舉行驅除病魔的儀式，有的住家也會懸掛這種面具作為避邪之用。這種面具常常會以它的天敵——蛇，來做為裝飾，並且以各種捲曲的孔雀羽毛做造型，再塗以鮮豔的色彩。圖中的面具，兩眼之間即有一隻眼鏡蛇的圖樣延伸到鳥喙，周圍再裝飾各種羽毛，顯得華麗繽紛。

❖ 圖 1-248 斯里蘭卡的 20 盧比鈔票正面

❖ 圖 1-249 市面販售之神鳥面具

⓫ 敘利亞 (Syria)‧ 女子樂坊

　　敘利亞 500 鎊 (Pound)，鈔票上（圖 1-250）印有一幅拜占庭時代以女子樂坊 (Female Musicians) 為主題的馬賽克鑲嵌畫。這件作品（圖 1-251）大約製作於西元 4 世紀，1960 年時在馬利亞米 (Maryamin) 的廢墟中發現，現移藏於敘利亞哈馬博物館 (Hama Museum)。

　　畫面中六名女性表演者，衣著華麗，姿態彼此呼應又有變化，端莊而典雅。左邊前方還站了兩位孩童般的天使，模樣可愛。最右邊的表演者手持響板在翩翩起舞，其他表演者往左依序在演奏西賽拉古豎琴 (Cithara)、敲打金屬碗狀的打擊樂器、一位在準備吹奏雙直笛，另一位在演奏類似管風琴的樂器，最左邊的表演者則手持長拍板造型的樂器。演奏者動作輕盈優雅，面帶微笑，衣著、器皿與樂器都閃耀著金色的色調，畫面金碧輝煌，充滿愉悅輕鬆的氛圍。

❖ 圖 1-250 敘利亞 500 鎊鈔票背面

馬賽克藝術又稱為鑲嵌藝術，會利用小鵝卵石、大理石嵌片等塊狀
材料拼貼出圖案，最早起源於美索不達米亞一帶，而後成為拜占庭藝術
的重要特色。拜占庭帝國(330-1453)最盛時期，統治範圍曾經包括南歐、
東歐、小亞細亞、西亞、北非等地，也包含現今的敘利亞。拜占庭藝術
的特點是，富於裝飾、抒情與象徵性。馬賽克材料的耐久性，正適合做
為裝飾建築的材料，許多壁畫或是地板裝飾，便會以馬賽克作為藝術媒
材。馬賽克作品可以長時間保存，不易剝落、變色，但也因為是透過各
色塊狀物來拼貼出圖案，因此相當耗時費工。從這件《女子六樂坊》馬
賽克作品的人物五官、膚色變化、衣服紋飾、樂器裝飾等細節，不難想
像這件作品製作時的細膩用心。

❖ 圖 1-251　女子樂坊馬賽克鑲嵌畫，約西元 4 世紀，278cm×380cm，收藏
　　於敘利亞哈馬博物館 (Hama Museum)

⓬ 泰國 (Thailand)‧ 吞武里王朝國王鄭信

　　泰國 20 銖 (Baht)，鈔票背面（圖 1-252）為泰國吞武里王朝國王鄭信 (1734-1782) 銅像（圖 1-253），史稱「達信大帝」或「吞武里大帝」，是泰國人心目中的五大帝之一，因愛國愛民，備受後世所感懷，於 1955 年，泰國政府規定每年鄭信加冕紀念日（12 月 28 日）為鄭王節。

❖ 圖 1-252 泰國 20 銖鈔票背面

❖ 圖 1-253 《鄭王大帝紀念碑 (King Taksin The Great Monument)》，銅像，位於泰國尖竹汶府鄭王大帝公園內

⓭ 泰國 (Thailand) · 曼谷王朝君主

　　泰國 100 銖鈔票背面（圖 1-254）為泰國拉瑪五世與拉瑪六世國王塑像（圖 1-255），拉瑪五世（在位時期從 1868 年 10 月 1 日至 1910 年 10 月 23 日），泰國曼谷王朝第五代君主，普世認為泰國史上最具權力及偉大的君主，後人尊稱朱拉隆功大帝。拉瑪六世（在位時期從 1910 年至 1925 年），泰國曼谷王朝第六代君主，泰國史上首位出國留學的國王，主要事蹟為廢除從拉瑪二世開始使用的白象旗，設計成現今所知的三色旗、受西方影響，廢除了一夫多妻制、設立泰國紅十字會、成立第一所公共圖書館等等。

❖ 圖 1-254　泰國 100 泰銖鈔票背面

❖ 圖 1-255 《泰國拉瑪五世與拉瑪六世國王塑像》，位於朱拉隆功大學 (Chulalongkorn University) 校園內

⑭ 烏茲別克 (Uzbekistan)・謎樣的烏茲別克虎

　　烏茲別克 200 索姆（Som），鈔票背面（圖 1-256）是悉多伊斯蘭學院 (Sher-Dor Madrasah，圖 1-257) 門楣上的馬賽克裝飾。

　　悉多伊斯蘭學院是撒馬爾罕 (Samarkand) 雷吉斯坦廣場 (Registan Square) 上三所著名的伊斯蘭學校之一，大約建於西元 17 世紀。伊斯蘭建築通常是用幾何花紋或是銘文來裝飾，禁止描繪具體的人像或動物形象。但是很特別的是悉多伊斯蘭學院門楣卻描繪了動物（圖 1-258），門楣上描繪老虎追逐著前方的白色小鹿，老虎的背上有著一個擬人化的太陽，太陽白色臉龐周圍散發著光芒。有人猜測這也許和古波斯的拜火教有關，但為何會用來裝飾伊斯蘭建築，則不得而知。無論如何，這謎樣的老虎仍讓人為之驚艷，帶給人們無限的想像。

❖ 圖 1-256　烏茲別克 200 索姆鈔票背面

❖ 圖 1-257 悉多伊斯蘭學院 (Sher-Dor Madrasah)，約建於 17 世紀，烏茲別克

❖ 圖 1-258 悉多伊斯蘭學院門楣上的馬賽克裝飾

⓯ 葉門 (Yemen)・青銅戰士

　　葉門 50 里亞爾 (Rials)，鈔票正面（圖 1-259）是一個青銅戰士像 (Bronze Statue of Ma'adkarib)。這個青銅雕像（圖 1-260）是在西元 1952 年時，由美國人類學基金會 (the American Foundation for the Study of Man，簡稱 AFSM) 的考古專家所發現，很可能是用來祭祀阿瑪卡（Almaqah，據信是古葉門王國所崇拜的太陽神），是南阿拉伯地區保留至今最完整的青銅雕像。

❖ 圖 1-259　葉門 50 里亞爾鈔票正面

❖ 圖 1-260《青銅戰士像》，約西元前 6 世紀，青銅器，高 93cm，收藏於葉門沙那博物館 (the National Museum, Sana'a)

美洲、大洋洲
America, Australasia

❶ 復活節島 (Easter Island) · 摩艾石像

　　復活節島 1000 榮戈 (Rongo)，鈔票背面（圖 1-261）為摩艾石像 (Moai)（圖 1-262）及東加里奇祭壇 (Ahu Tongariki)。復活節島與智利港口卡爾德拉在同一緯度，較聖地牙哥偏北，為智利的特殊領地，島上有些石像頭上會加一塊普卡奧 (Pukau) 做為帽子。石像約建造於公元 450 年到 1650 年間，其建造者已不可考。巨大的巨人石像最重可達九十噸，高 9.8 米，有些還頂個普卡奧帽子，此帽子小有二十噸，大則重達四、五十噸。

　　在 1722 年 4 月，由荷蘭探險家率領三艘戰艦，在東南太平洋海上漂流數月之久，前方突然出現一個小島，島上矗立著一排排高聳的巨人，近看則是數百尊奇大無比的巨人雕像，發現當天為復活節，因此一行人便將小島命名為復活節島。

❖ 圖 1-261 復活節島 1,000 榮戈鈔票背面

❖ 圖 1-262 《摩艾石像》，位於復活節島 (Easter Island)

❷ 巴布亞紐幾內亞 (Papua New Guinea)· 面具聘禮

　　巴布亞紐幾內亞是位於大洋洲之世界第二大島新幾內亞島東半部的國家，西與印尼接壤，與澳洲、密克羅尼西亞、索羅門群島等國隔海相望，坐落於赤道至南緯 14 度之間，屬熱帶型氣候。

巴布亞紐幾內亞的 5 基那 (Kina)，鈔票背面（圖 1-263）右方中央類似面具的文物，名叫 Talipun（圖 1-264），或稱 Hombuli，是當地婚禮男方給女方的聘禮之一，通常底下會用一個大的螺旋狀貝殼作為底座，上方的面具則是用籐編織成人臉或動物造型。鈔票在面具周圍的帶狀物，則是用貝殼和種子編織而成的項鍊。這些文物可以說是當地部落財富的縮影。

❖ 圖 1-263 巴布亞紐幾內亞的 5 基那鈔票背面

❖ 圖 1-264 市面販售之面具聘禮

非洲
Africa

❶ 剛果民主共和國 (Congo Democratic Republic)‧成年禮面具

　　剛果民主共和國（舊稱薩伊 Zaire）是非洲面積第二大的國家，同時是世界上使用法語人口最多的國家，約有 7,100 萬人。剛果民主共和國發行的鈔票，曾以原始部落的面具為主題，在 5 分 (Centime) 鈔票正面（圖 1-265）印有蘇庫面具 (Suku Mask，圖 1-267)，在 10 分鈔票正面（圖 1-266）則印有蓬德面具 (Pende Mask，圖 1-268)。

　　蘇庫族是分佈在剛果民主共和國西南方一帶的部族，人數不到 10 萬人。鈔票上的面具是以木頭雕製而成，類似頭盔，底部邊緣會用拉菲草 (raffia) 之類的植物纖維作成裝飾，頂部則會雕刻人像或動物等造型。這類面具會用在男孩子的成年禮。據說蘇庫族的男孩子在成年禮期間，必須離開村子並且參加一連串的考驗，以證明他們具備力量與勇氣，儀式過程中會有一個象徵脫離男孩、變成大人的表演，面具即是表演時使用。

蓬德族也是剛果民主共和國的一個部族，大約 25 萬人。蓬德族的面具，可以細分很多種，有幾何抽象圖樣的，也有像鈔票正面上這種帶點愁苦表情的。蓬德面具最初可能是用在割禮，有些則是用於族人生病時向祖先祈福的儀式，後來亦有用於戲劇表演的。不同於其他非洲原始部落面具的猙獰表情，蓬德面具最具特色之處，在於那有點憂鬱的神情，它彷彿表達出人類的脆弱與掙扎，以及對超自然力量的敬畏。

❖ 圖 1-265 剛果民主共和國 5 分鈔票正面

❖ 圖 1-266 剛果民主共和國 10 分鈔票正面

❖ 圖 1-267 私人收藏之蘇庫面具

❖ 圖 1-268 美國大都會博物館收藏之
蓬德面具，來自剛果民主共和國，
約製於 19 至 20 世紀

❷ 埃及 (Egypt)‧法老王拉美西斯二世

埃及 50 披亞斯德 (Piastre)，鈔票正面（圖 1-269）是拉美西斯二世 (Ramses II，約西元前 1303-1213) 的雕像，鈔票背面是愛資哈爾清真寺 (Al Azhar Mosque)。

鈔票正面的拉美西斯二世雕像（圖 1-270），是收藏於義大利杜林（Turin）埃及博物館 (The Museo Egizio) 的雕像，以閃長岩 (Diorite) 刻成，拉美西斯二世頭戴王冠，手持權杖，身穿長袍，顯得莊嚴而肅穆。

拉美西斯二世是埃及新王國時期的一位法老王，他在各地大興土木，許多古蹟都留有他的姓名和雕像，但是巨大的開銷也成為埃及國勢由盛轉衰的原因之一。他的木乃伊在 1881 年時被發現，1974 年時還曾以「國王」的身份搭機前往法國進行修復。因為木乃伊出入境仍須發給護照，埃及政府在護照的職業欄上只能填入國王，而留下此一特殊的紀錄。

❖ 圖 1-269 埃及 50 披亞斯德鈔票正面

❖ 圖 1-270《拉美西斯二世像》，閃長岩，收藏
於義大利杜林埃及博物館

❸ 埃及 (Egypt)· 王后娜芙蒂蒂

　　埃及 5 披亞斯德鈔票正面（圖 1-271）為埃及古代彩塑娜芙蒂蒂頭
像（圖 1-272）。娜芙蒂蒂王后是古埃及新王國時期（西元前 1550 －
1070 年）阿肯那頓（阿蒙霍特普四世）國王的妻子，被譽為古埃及歷
史上最美麗的女人之一，象徵著美麗與智慧。

❖ 圖 1-271 埃及 5 披
亞斯德鈔票正面

❖ 圖 1-272《娜芙蒂蒂頭像》，
石灰岩與灰泥，收藏於德國柏
林的新博物館 (Neues Museum)

❹ 埃及 (Egypt)・法老王哈夫拉

埃及 10 鎊，鈔票背面（圖 1-273）為埃及第四王朝的法老——哈夫
拉（Khafra，約公元前 2558 年 -2532 年在位），其雕像（圖 1-274）收
藏於開羅博物館，他在吉薩（位在尼羅河西的城市，在開羅西南約 20
公里外）修建了埃及第二大的金字塔——哈夫拉金字塔 (Khafre's
Pyramid)。

❖ 圖 1-273 埃及 10 鎊鈔票背面

❖ 圖 1-274 《哈夫拉
雕像》，閃綠岩，
收藏於開羅博物館
(Egyptian Museum)

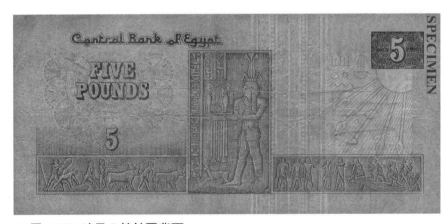

❖ 圖 1-275 埃及 5 鎊鈔票背面

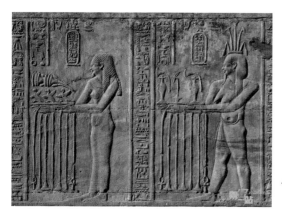

❖ 圖 1-276　古埃及象徵尼羅河的浮雕

❺ 幾內亞 (Guinea)・曼丁哥面具

位於西非的幾內亞發行的 5,000 法郎，鈔票上（圖 1-277）印有曼丁哥族面具 (Mandingo Mask)。曼丁哥族是西非的大族，其分布包括幾內亞、甘比亞 (Gambia)、馬利 (Mali)、獅子山 (Sierra Leone)、塞內加爾 (Senegal)、尼日 (Niger) 等國。

❖ 圖 1-277　幾內亞發行的 5,000 法郎鈔票

曼丁哥族目前幾乎都是回教徒，但是一些傳統習俗仍保留下來，例如婚禮、工藝技術等。鈔票所印的曼丁哥面具（圖1-278），利用編織物製成面具臉龐四週的毛髮，面具以反差強烈的色彩作裝飾，具有非洲部落的特色。這類面具大多在重要場合或是特殊儀式中使用，是非洲文化中的重要一環。

❖ 圖 1-278 私人收藏之曼丁哥族面具

❻ 尼日 (Nigeria)・ 陶藝家雷迪

尼日 20 奈拉 (Naira)，鈔票背面（圖 1-279）為尼日著名製陶藝家雷迪・誇利 (Ladi Kwali, 1925-1983，圖 1-280)。在尼日的村莊，婦女的工作為製作陶器品，在這可以學到傳統製陶知識，圖案大多以幾何或具象為主。1954 年，她加入了名為 Cardew's 的陶藝培訓中心，使她的陶藝技術更精進， 50 年代末和 60 年代初，她的作品在倫敦伯克利畫廊大獲好評，成為尼日最知名的陶藝家。

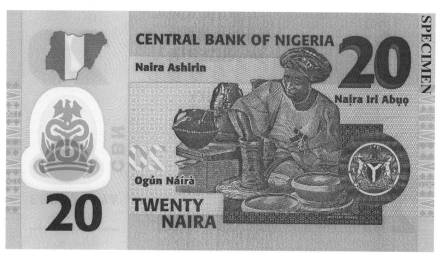

❖ 圖 1-279 尼日 20 奈拉鈔票背面

❖ 圖 1-280 雷迪・誇利，製陶雕塑

貳

悅目篇

極地雪 ‧ 熱帶鳥 ‧ 一票一故事

CONÓBIA

一、作者推薦最美的套鈔

世界的強勢貨幣，是被全球廣泛接受的貨幣，常是各國的貨幣發行準備金（現已不是金本位），而發行的國家更是有著經濟基礎的保證，大多數的強勢貨幣在國內外均可兌換，當然，相對它們的防偽設計更是數一數二的（如日幣的水印、瑞士法郎的激光穿孔等），設計也十分新穎。紙鈔是國家名片，其上面的圖案大部分與政治、經濟和文化有關，反應國家的性格、價值與取向，圖 2-1 是〈世界紙鈔網 (www.ybnotes.com)〉非正式票選出的強勢貨幣喜好名次與百分比：

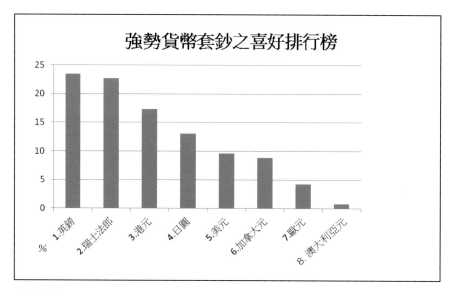

❖ 圖 2-1

　　該次投票由英鎊奪冠，瑞士法郎居次。鈔票之美，見仁見智；然英鎊及瑞士法郎之套鈔，在強勢貨幣中，受到多數人之喜愛與肯定。放眼世界各國鈔票中，以「整套」而論，筆者特別推薦北極代鈔和蘇利南「鳥語花香」之套鈔，一寒一熱，冰火二重天，真是美不勝收，令人心往神馳，喚起人們對大自然的嚮往。

❶ 極地裡純淨的風光

北極在大家的印象中，常年冰天雪地，並伴隨著永晝或永夜的現象，而在北極點，亦即地球表面最北的點，位於北冰洋內並無任何的土地，只有極厚的冰層，因此也不屬於任何一個國家。

在沒有常住的人口下，北極卻擁有自己的貨幣，稱為「北極元」，用途是給各國在北極的考察人員用於小額支付的鈔票。它不是法定貨幣，僅屬於代用鈔，因為北極天候寒冷，因此在製作鈔票上以塑膠為材質，以避免考察人員身上外來的細菌附著在鈔票上，而它的面額價值等同於美元呢！

北極元是以當地特有動物為鈔票主角，包括我們所熟知的北極熊、海豹、北極狐等，其中最特別的是，在 2012~2014 年所發行的鈔票，背面可以湊成一幅畫，那麼，就讓我們來一覽北極美麗的風貌吧！

(1) 2012 年發行（1 元、5 元、9 元）

北極 1 元正面（圖 2-2）為北極狐（學名：Alopex lagopus），居住在北極圈之陸地及島嶼的苔原地帶，主食旅鼠，攻擊時會跳躍至旅鼠的窩上方讓其塌陷後獵捕。北極狐智慧頑強，能適應北極圈內的惡劣環境。

北極 5 元正面（圖 2-3）為麝香牛（學名：Ovibos moschatus），住在格陵蘭島北部，雖然名為牛，實際上是介於牛與羊之間的動物。麝香顧名思義就是在交配季節會散發出強烈的氣味，頭長堅硬的角，身披下垂長毛，能承受嚴寒的氣候。

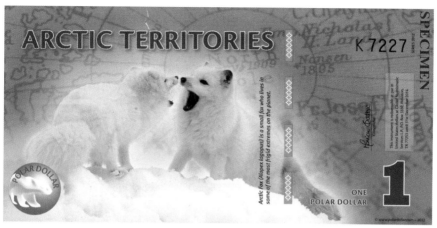

❖ 圖 2-2 北極 1 元鈔票正面

❖ 圖 2-3 北極 5 元鈔票正面

北極 9 元正面（圖 2-4）為北極熊（學名：Ursus maritimus），分佈在格陵蘭、加拿大及西伯利亞中部，喜愛吃魚和海豹，由於厚而保暖的外皮及體內脂肪，讓牠能夠在這嚴酷的極地生存。

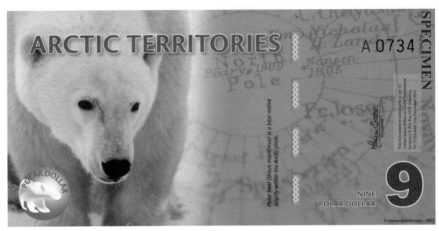

❖ 圖 2-4 北極 9 元鈔票正面

上述三張鈔票的背面（圖 2-5、2-6、2-7）呈現出三人探險隊穿越冰雪景觀。為考驗人類耐力的極限，即使當地氣候再怎麼冷冽無情，仍踏上北極點的探險之路，決心突破重重困難。1909 年 4 月 6 日，美國探險家皮里 (Robert Edwin Peary) 成功到達「北極點」，成為人類首次到達的人。

(2) 2013 年發行（2½ 元、6 元、11 元）

北極 2½ 元鈔票正面為北極熊（圖 2-8，見前述 9 元鈔正面說明）。

❖ 圖 2-5　北極 1 元
鈔票背面

❖ 圖 2-6　北極 5 元
鈔票背面

❖ 圖 2-7　北極 9 元
鈔票背面

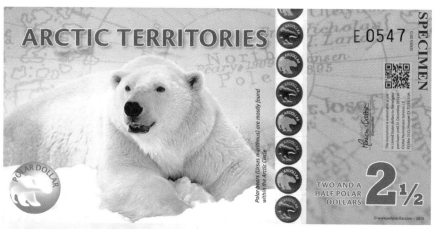

❖ 圖 2-8　北極 2½ 元鈔票正面

北極 6 元鈔票正面（圖 2-9）為極地狼（學名：Canis lupus arctos），是世界最大野生犬科的家族成員，具有良好的耐力及機動能力，適合長途跋涉，也是冰河時期的倖存者，捕捉獵物的最高時速接近每小時 65 公里。

北極 11 元鈔票正面（圖 2-10）的藍鯨（學名：Balaenoptera musculus）為海洋哺乳動物，鬚鯨亞目，是世界上體型最大的動物，主要以小型甲殼類或中小型魚類為食。

上述三張鈔票的背面（圖 2-11、2-12、2-13）右上端為世界上最大的島嶼格陵蘭島（Greenland，面積 217.6 萬平方公里，為台灣 59 倍）。雄偉的冰山、海洋、冰屋、狗、雪橇，以及本地皮艇捕獸獵人，寂靜的北極，伴隨著獵人的划水聲，在陽光的斜照下，共同呈現最美的格陵蘭。

❖ 圖 2-9 北極 6 元鈔票正面

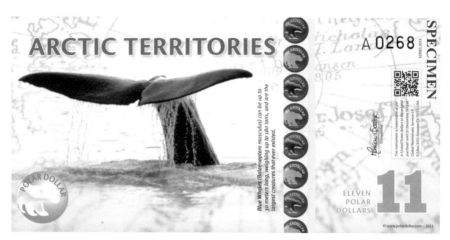

❖ 圖 2-10 北極 11 元鈔票正面

❖ 圖 2-11 北極 2½ 元
　鈔票背面
❖ 圖 2-12 北極 6 元
　鈔票背面
❖ 圖 2-13 北極 11 元
　鈔票背面

(3) 2014 年發行（1½ 元、3½ 元、12 元）

北極 1½ 元鈔票正面為北極熊（圖 2-14，見前述 9 元鈔之正面說明）。

北極 3½ 元 鈔 票 正 面（圖 2-15）為 海 象（學 名：Odobenus rosmarus），牠的犬齒發達，酷似象牙，用來挖掘食物或攻擊，保護自己，皮下脂肪相當厚重，故可抵抗極地環境的冷酷。

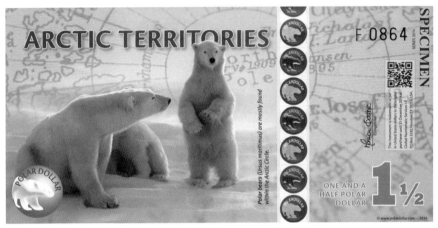

❖ 圖 2-14 北極 1½ 元鈔票正面

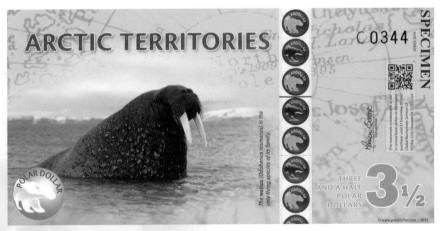

❖ 圖 2-15 北極 3½ 元鈔票正面

北極 12 元鈔票（圖 2-16）正面為海雀（學名：Alcidae），行鳥形目海雀科，擅長游水，並於淺海處潛水覓食，主要以小魚或甲殼類為食，為群居動物，通常會在北方島嶼的峭壁和石峰上聚在一起。

❖ 圖 2-16 北極 12 元鈔票正面

　　這三張鈔票的背面（圖 2-17、2-18、2-19）右上角為斯匹次卑爾根島之首府「隆雅市」，在冰天雪地中夜晚的燈火格外溫暖，形成強烈對比，壯闊的山脈，映入眼簾令人驚嘆！斯匹次卑爾根島屬於歐洲最北端的斯瓦爾巴特群島之一，面積有 60% 被冰雪覆蓋，居民約 3,000 人。

　　北極的冰層因為全球的氣候變遷，正在逐漸萎縮，極地動物的棲息地越來越少，當冰層融化時，海平面也會跟著上升，許多低窪的土地就會被海水淹沒。當氣溫上升攝氏 2 度，遭海水淹沒人口達 2.8 億人；如上升攝氏 4 度，則將淹沒大片土地，涵蓋 6 億多人的居住範圍。

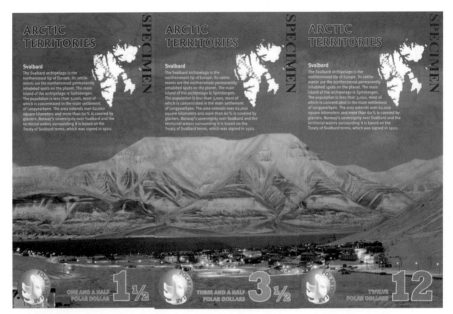

❖ 圖 2-17 北極 1½ 元　　❖ 圖 2-18 北極 3½ 元　　❖ 圖 2-19 北極 12 元
　鈔票背面　　　　　　　　鈔票背面　　　　　　　　鈔票背面

❷ 蘇利南鳥與花的風情

　　放眼世界，許多熱帶國家擁有豐富的雨林生態，蘇利南也是其中之
一。接下來我們介紹蘇利南 2000 年花鳥版紙鈔，幣值從 5 元至 25,000
元，共計 9 枚紙鈔，除了鳥語花香、賞心悅目外，要全套齊全，已屬「珍
罕」。

　　蘇利南共和國位於南美洲北部，舊稱荷屬圭亞那，國土面積 16 萬
平方公里，於 1975 年獨立後，無論是人口還是面積上的排名，都是南
美洲最小的國家。但麻雀雖小，五臟俱全，蘇利南更是擁有極為多元種
族、宗教及語言的國家。

(1) 5 元鈔票

5 元鈔票正面（圖 2-20）為紅頸啄木鳥（拉丁學名：Campephilus rubricollis），分布於南美洲，棲息環境為熱帶、亞熱帶濕地、樹林及山區，被國際自然與自然資源保護聯合會（IUCN）列為瀕危的物種。

❖ 圖 2-20 蘇利南 5 元鈔票正面

5 元鈔票背面（圖 2-21）為大果西番蓮（拉丁學名：Passiflora quadrangularis），原產地為南美洲，花呈淡紫色，開花時期為夏秋之際，它的果實屬於較大型的一種，有著淡淡的清香，也可以當水果或蔬菜食用。

❖ 圖 2-21 蘇利南 5 元鈔票背面

(2) 10 元鈔票

10 元鈔票正面（圖 2-22）為綠喉芒果蜂鳥（拉丁學名：Anthracothorax viridigula），生活在熱帶雨林等潮濕地區，在蜂鳥家族中，牠的身長約 10.2 公分，屬於較大型的蜂鳥，主食是蜂蜜。

10 元鈔票背面（圖 2-23）為火輪鳳梨（拉丁學名：Guzmania lingulata），又稱火冠鳳梨，原產地為厄瓜多爾及哥倫比亞，喜歡半陰涼濕潤的氣候，不僅土壤要排水良好，且腐植質是不可或缺的，它的花期在晚春至初夏。

❖ 圖 2-22 蘇利南 10 元鈔票正面

❖ 圖 2-23 蘇利南 10 元鈔票背面

(3) 25 元鈔票

25 元鈔票正面（圖 2-24）為白喉巨嘴鳥（拉丁學名：Ramphastos tucanus），牠擁有巨大的鳥喙，通常雄鳥的嘴會比雌鳥大許多，當面臨交配季節的時候，為了博取雌鳥的交配權，運用身上的利器，也就是大嘴來進行決鬥。牠的身長約為 55 - 60 公分，只要是小型脊椎動物都會成為牠的食物。

❖ 圖 2-24 蘇利南 25 元鈔票正面

　　25 元鈔票背面（圖 2-25）為砲彈花（拉丁學名：Couroupita guianensis），原產於中南美洲的圭亞那，其名稱緣由為果實呈球形，加上茶褐色如砲彈一樣。果肉並非甜美可口，反而有一種不討喜的氣味，打開後會因為氧化而轉變為墨綠色。

❖ 圖 2-25 蘇利南 25 元鈔票背面

(4) 100 元鈔票

100 元鈔票正面（圖 2-26）為長尾隱蜂鳥（拉丁學名：Phaethornis superciliosus）體長 15 公分，有常常的黑色喙。牠的主食為花蜜，通常在 1 公里的固定範圍間覓食。

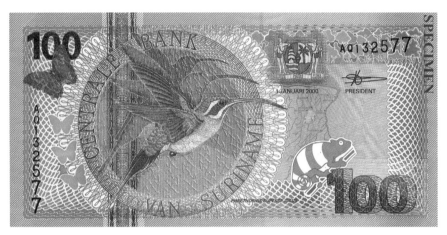

❖ 圖 2-26 蘇利南 100 元鈔票正面

100 元鈔票背面（圖 2-27）為緬梔花（拉丁學名：Plumeria obtusa），別稱為雞蛋花，原產於西印度群島、中南美洲及墨西哥，花瓣外部呈現乳白色，接近內部略顯黃色。在它柔和的外表下，它的枝幹具有毒性的乳白色汁液，誤食將會產生嘔吐、腹瀉、發燒等症狀。（附記：雞蛋花是寮國國花）

❖ 圖 2-27 蘇利南 100 元鈔票背面

(5) 500 元鈔票

500 元鈔票正面（圖 2-28）為圭亞那動冠傘鳥（拉丁學名：Rupicola rupicola），又稱圭亞那岩石雞，羽毛的色澤相當豔麗，頭頂著半月型狀的冠，雌鳥通常在泥沙地築巢和產卵，但雄鳥並不參與築巢的過程，且牠們是一夫多妻制。

500 元鈔票背面（圖 2-29）為紅蟬花（拉丁學名：Mandevilla splendens），原產地為巴西，屬於藤本植物，有粉紅色喇叭狀花朵和帶著光澤深綠色的葉子。此種花可抵抗蟲害，喜好陽光，適合在攝氏 22-28 度的環境下生長。

❖ 圖 2-28 蘇利南 500 元鈔票正面

❖ 圖 2-29 蘇利南 500 元鈔票背面

(6) 1,000 元鈔票

1000 元鈔票正面（圖 2-30）為王霸鶲（拉丁學名：Onychorhynchus coronatus），體型嬌小，頭部有鮮豔的羽毛冠，這是雄鳥的象徵，在求偶或是受到威脅的時候，便會傘狀式打開，並快速抖動，贏得雌鳥的芳心，或是讓敵人望而卻步。

❖ 圖 2-30 蘇利南 1,000 元鈔票正面

❖ 圖 2-31 蘇利南 1,000 元鈔票背面

　　1,000 元鈔票背面（圖 2-31）為紫紋蝴蝶蘭（Violet Sobralia，拉丁學名：Orchidaceae violacea），原產地在哥斯大黎加、委內瑞拉、蘇利南和秘魯，生長環境大約在海拔 1,000~3,300 公尺左右，花期是 30 天，夏季盛開時撲鼻而來的花香，清淡素雅，令人著迷。

(7) 5,000 元鈔票

❖ 圖 2-32 蘇利南 5,000 元鈔票正面

　　5,000 元鈔票正面（圖 2-32）為太陽錐尾鸚鵡（拉丁學名：Aratinga solstitialis），棲息地位在海拔 1,200 公尺以下熱帶樹較少的草原，喜愛覓食蔬果與種子，成年鳥與幼鳥時期顏色較不相同，因此易與其他種類的鸚鵡混淆。

　　5,000 元鈔票背面（圖 2-33）為蝴蝶文心蘭（拉丁學名：Psychopsis papilio），又稱魔鬼文心蘭，原產中南美洲，分佈於哥倫比亞、哥斯大黎加、秘魯、蘇利南等地，因為它的花期是 15-20 天，屬於長年開花，適合做為觀賞用植物，細長的花瓣遠看時就像是鳳蝶翩翩起舞呢！

❖ 圖 2-33 蘇利南 5,000 元鈔票背面

(8) 10,000 元鈔票

10,000 元鈔票正面（圖 2-34）為飾冠鷹雕（拉丁學名：Spizaetus ornatus），在鷹之家族中，體型算是中等，身長在 58 - 64 公分之間，當有任何動靜或獵物出現時，會豎起牠那突出的峰形頭冠，英姿非凡。

❖ 圖 2-34 蘇利南 10,000 元鈔票正面

10,000 元鈔票背面（圖 2-35）為大花克魯西亞（拉丁學名：Clusia grandiflora），克魯西亞木屬 (Clusia)，原產蘇利南，花瓣較大，中央雄蕊群象牙白色，生長初期附生於其他樹上，最後根才漸漸下伸至土內。

❖ 圖 2-35 蘇利南 10,000 元鈔票背面

(9) 25,000 元鈔票

25,000 元鈔票正面（圖 2-36）為眼鏡鴞（拉丁學名：Pulsatrix perspicillata），身長大約 40 公分，以捕捉小型哺乳動物及昆蟲為食，較為驚悚的是，若牠處於極飢餓的狀態下，將會獵食其他體型較小的貓頭鷹。

25,000 元鈔票背面（圖 2-37）為蜘蛛百合（拉丁學名：Hymenocallis caribaea），又稱蜘蛛蘭或海水仙，特徵是雄蕊花絲和黃色花藥成 T 字形相接，較易於使蜜蜂或蝴蝶代為傳播花粉，而順利結出種子，並在夏季開花。

❖ 圖 2-36 蘇利南 25,000 元鈔票正面

❖ 圖 2-37 蘇利南 25,000 元鈔票背面

筆者收藏中也有一套鈔票是位居熱帶的印尼所發行，同是「鳥語花香」，兩者比較，美醜勝負立判。為了長知識，我們來認識這些花鳥吧！

　　印尼5盧比，鈔票正面是曇花（拉丁學名：Epiphyllum，圖2-38），鈔票背面是太陽鳥（拉丁學名：Nectariniidae，圖2-39）。

❖ 圖 2-38 印尼 5 盧比鈔票正面

❖ 圖 2-39 印尼 5 盧比鈔票背面

印尼 10 盧比，鈔票正面是毬蘭（拉丁學名：Hoya carnosa，圖 2-40），
鈔票背面是鮭色鳳頭鸚鵡（拉丁學名：Cacatua moluccensis，圖 2-41）。

❖ 圖 2-40 印尼 10 盧比鈔票正面

❖ 圖 2-41 印尼 10 盧比鈔票背面

印尼 25 盧比，鈔票正面是蓮花（拉丁學名：Nelumbo nucifera，圖 2-42），鈔票背面是大白鷺（拉丁學名：Egretta alba，圖 2-43）。

❖ 圖 2-42 印尼 25 盧比鈔票正面

❖ 圖 2-43 印尼 25 盧比鈔票背面

印尼 50 盧比，鈔票正面是向日葵（拉丁學名：Helianthus annuus，圖 2-44），鈔票背面是白腹海鵰（拉丁學名：Haliaeetus leucogaster，圖 2-45）

❖ 圖 2-44 印尼 50 盧比鈔票正面

❖ 圖 2-45 印尼 50 盧比鈔票背面

印尼 100 盧比，鈔票正面是巨花魔芋（拉丁學名：Amorphophallus titanum，圖 2-46），鈔票背面是犀鳥（拉丁學名：Bucerotidae，圖 2-47）。

❖ 圖 2-46 印尼 100 盧比鈔票正面

❖ 圖 2-47 印尼 100 盧比鈔票背面

印尼 500 盧比，鈔票正面是九重葛（拉丁學名：Bougainvillea glabra，圖 2-48），鈔票背面是鳳冠火背鷳（拉丁學名：Lophura ignita，圖 2-49）。

❖ 圖 2-48　印尼 500 盧比鈔票正面

❖ 圖 2-49　印尼 500 盧比鈔票背面

印尼 1,000 盧比，鈔票正面是大花馬齒莧（拉丁學名：Portulaca grandiflora，圖 2-50），鈔票背面是極樂鳥（拉丁學名：Paradisaea apoda，圖 2-51）。

這一套 7 枚的印尼花鳥鈔票，早在 1959 年發行。謝哲青先生在其著作《鈔寫浪漫》指出：簡單套色、生動筆觸，勾勒出強烈的生命動感，是藝術史上第一套完全以生態為主題的法幣通貨。

❖ 圖 2-50 印尼 1,000 盧比鈔票正面

❖ 圖 2-51 印尼 1,000 盧比鈔票背面

二、網路票選
——美與醜的和諧

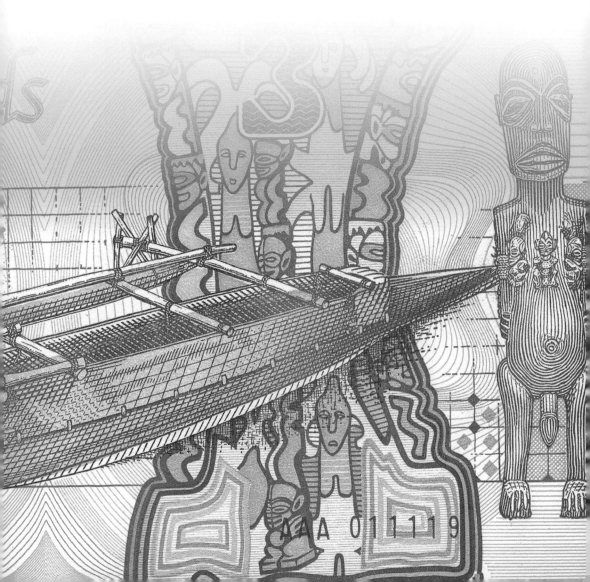

AAA 011119

❶ 韓國網路票選的美麗鈔票

　　韓國是愛美的民族，不僅是女性，連男性也對美有相當的執著，韓國女孩的漂亮，除了天生皮膚白皙，也與她們後天的努力息息相關，其愛美之心可謂「深入骨髓」，從出生的那一刻起，追求美麗便成為韓國女孩一生的任務。世界整形之首非韓國莫屬，韓國人對整容已習以為常，他們認為美麗不只是給人留下好的印象，也為自己增添自信。運用追求美的心態，愛屋及烏，居然想到用網路來票選「十大」最美的世界鈔票。

　　承辦的是韓國 Nate 網站創建，它於 2001 年 10 月，是由互聯網、車載等系統所打造有線和無線功能的多媒體網站，在 2011 年公開票選世界上最漂亮的十大紙幣，上榜的每一款後來都成為韓國人熱衷的收藏，紀念鈔一時洛陽紙貴。以下就讓我們來看看他們的審美觀：

第 1 名：北愛爾蘭 (Northern Ireland)2000 千禧年紀念鈔

　　5 英鎊鈔票正面（圖 2-52）：中下的透明視窗，是大放光芒的太陽，中間左右有兩個視窗合之為地球，中間為各行星之運行軌道，在往右上視窗的八芒星代表「伯利恆之星」及耶穌降臨人間，拯救世人。

　　5 英鎊鈔票背面（圖 2-53）：中間為地球，中上為太空梭，表示人類征服地球後，透過科技開始接觸宇宙、探索外太空。

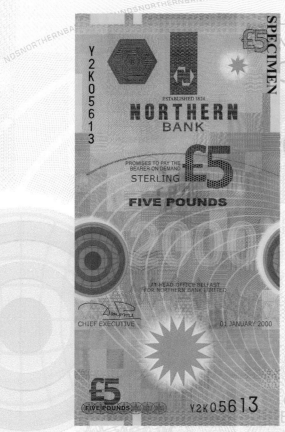

❖ 圖 2-52　北愛爾蘭 5 英鎊鈔票正面

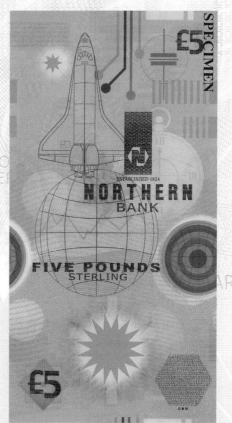

❖ 圖 2-53　北愛爾蘭 5 英鎊鈔票背面

第 2 名：南非共和國 (Republic of South Africa)100 及 200 蘭特並列

100 蘭特 (Rand) 鈔票正面（圖 2-54）是非洲野牛，鈔票背面（圖 2-55）是斑馬。

200 蘭特鈔票正面（圖 2-56）是非洲豹，鈔票背面（圖 2-57）是衛星接收之天線、採礦設備及橋樑。

❖ 圖 2-54 南非共和國 100 蘭特鈔票正面

❖ 圖 2-55 南非共和國 100 蘭特鈔票背面

❖ 圖 2-56 南非共和國 200 蘭特鈔票正面

❖ 圖 2-57 南非共和國 200 蘭特鈔票背面

　　100 蘭特上的野牛，生動逼真，中間左側表示他們是群居動物；200 蘭特上的花豹，栩栩如生，中間左側表示跑得飛快又能上樹。在獵人眼中，犀牛、大象、獅子、野牛與花豹是最難獵捕的動物，而且具有凶狠的特性，一旦獵殺就會激起同類的反撲。南非將此非洲五霸 (Big 5) 上了鈔票，深獲愛鈔者的青睞。

第 3 名：10,000 中非法郎 (Central African CFA franc)

10,000 中非法郎鈔票正面（圖 2-58）是一位中非女郎及位於喀麥隆的中非聯合中央銀行總部。鈔票背面（圖 2-59）是剛果河、漁民捕魚情景、漁獲豐收。色澤艷麗，光彩照人，令人愛不釋手。

❖ 圖 2-58 10,000 中非法郎鈔票正面

❖ 圖 2-59 10,000 中非法郎鈔票背面

第 4 名：澳洲 (Australia) 100 元

100 元鈔票正面（圖 2-60）是軍事將領莫納什爵士 (Sir John Monash)，左右側背景是第一次世界大戰率領騎兵及砲兵與德軍交戰。鈔票背面（圖 2-61）是澳大利亞女高音歌唱家梅爾巴 (Dame Nellie Melba)，背景是她在雪梨歌劇院演唱。

澳洲的鈔票正反面皆有一男一女，世界少見的「男女平等」，人物之目光都炯炯有神。

❖ 圖 2-60　澳洲 100 元鈔票正面

❖ 圖 2-61　澳洲 100 元鈔票背面

第 5 名：瑞典 (Sweden) 20 克朗

瑞典 20 克朗 (Kronor) 鈔票正面（圖 2-62）是女作家塞爾瑪‧拉格洛芙 (Selma Lagerlof)，神態平靜安詳，1909 年曾獲諾貝爾文學獎，鈔票背面（圖 2-63）是《尼爾斯騎鵝旅行記》（*Nils Holgersson's Wonderful Journey through Sweden*）中的插圖讓人心往神馳。

❖ 圖 2-62 瑞典 20 克朗鈔票正面

❖ 圖 2-63 瑞典 20 克朗鈔票背面

第 6 名：比利時 (Belgium) 200 法郎

比利時 200 法郎鈔票正面（圖 2-64）是樂器製造家阿道夫 · 薩克斯 (Adolphe Sax)，薩克斯風 (Saxophone) 係用其名命名的。鈔票背面（圖 2-65）是演奏薩克斯風的人及比利時南方小城狄南特 (Dinant)，有「薩克斯的故鄉」的稱號，對近代西洋音樂影響甚巨。黃底背景的鈔票上有耀眼奪目的薩克斯風，奏出美妙的樂音。

❖ 圖 2-64　比利時 200 法郎鈔票正面

❖ 圖 2-65　比利時 200 法郎鈔票背面

第 7 名：荷蘭 (Netherlands) 50 盾

荷蘭 50 盾 (Gulden) 鈔票正面（圖 2-66）是向日葵（花上面有隻小蜜蜂），鈔票背面（圖 2-67）是荷蘭地圖、向日葵田園。

向日葵是朝著太陽的花朵，花也開得像太陽，如同太陽明朗、快樂、使人傾慕。這張加入向日葵元素的鈔票，令人眼睛為之一亮。

❖ 圖 2-66　荷蘭 50 盾鈔票正面

❖ 圖 2-67　荷蘭 50 盾鈔票背面

第 8 名：瑞士 (Switzerland) 10 瑞士法郎

瑞士 10 瑞士法郎 (Swiss Franc) 鈔票正面（圖 2-68）是法國建築藝術家、城市規劃家、畫家勒‧柯布西耶 (Le Corbusier)，鈔票背面（圖 2-69）是他所設計印度昌迪加爾市建築，善用黃金分割比例（1：0.618 及 1.618：1），蘊藏豐富的美學價值。

❖ 圖 2-68　瑞士 10 瑞士法郎鈔票正面

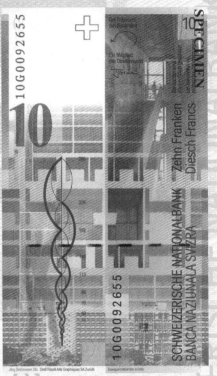

❖ 圖 2-69　瑞士 10 瑞士法郎鈔票背面

第 9 名：庫克群島 (Cook Islands) 3 元

庫克群島 3 元鈔票正面（圖 2-70）是生殖男神、獨木舟，鈔票背面
（圖 2-71）是生殖女神、鯊魚，代表著海洋文化及多子多孫。

❖ 圖 2-70 庫克群島 3 元鈔票正面

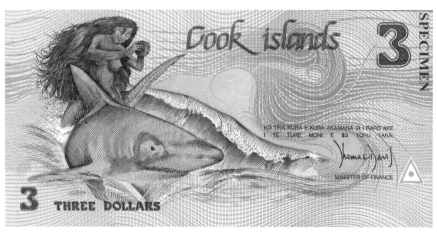

❖ 圖 2-71 庫克群島 3 元鈔票背面

第 10 名：羅馬尼亞 (Romania) 2,000 列伊

羅馬尼亞 2,000 列伊 (Lei) 鈔票正面（圖 2-72）是太陽系在 1999 年 8 月 11 日九大行星排成一列，鈔票背面（圖 2-73）是羅馬尼亞國旗及地圖（畫線地區可觀賞九星一列奇景）。

九大行星公轉軌道各自有傾斜，所以「行星連珠」不會在一直線上，差不多處於一條直線上的「視覺現象」就稱之。

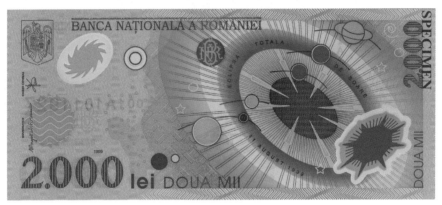

❖ 圖 2-72 羅馬尼亞 2,000 列伊鈔票正面

❖ 圖 2-73 羅馬尼亞 2,000 列伊鈔票背面

❷ 壓箱寶

　　網友選出最美鈔票，試問有最醜鈔票嗎？網友朱元壽與作者有相同的興趣，就是蒐集中外錢幣，並將自己的藏品於「九藏閣」供大家欣賞，他認為最醜的鈔票為下述鈔票：

　　新疆和闐紙鈔（圖 2-74、2-75），發行於 1934 年至 1937 年間，紙張粗糙且薄厚不一，蓋印位置參差，顏料的顏色不準確、有雜質、沒漂白，切割上仍有待加強。

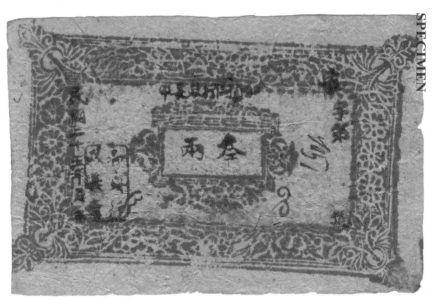

❖ 圖 2-74　民國 23 年 (1934) 和闐鈔票叁兩正面

❖ 圖 2-75　民國 23 年 (1934) 和闐鈔票叁兩背面

　　和闐流通鈔票壹兩（圖 2-76、2-77）上印製「和闐行政長公署印流通鈔票」，現行通稱為「馬虎山票」。製作過程相當簡略，是由過去新疆普遍使用的桑皮紙來製作，紙張呈黃色，其纖維細而有韌性，雖然有些微雜質，但不影響印製，也不易被蟲蛀。

　　1933 年南疆維吾爾族乘國民政府對新疆鞭長莫及，由穆罕默德・伊敏進入和闐（著名產玉之地），成立和闐伊斯蘭國。1934 年，回族軍閥馬仲英派副師長馬虎山（亦是姐夫）自喀什向伊斯蘭國發兵，在穆罕默德・伊敏亡命印度後，馬虎山進行血腥統治，搜括民財、濫印紙鈔（即本文之一兩、三兩和闐紙鈔）。1937 年被人稱「新疆王」的盛世才所敗，馬虎山逃至印度。

❖ 圖 2-76 民國 25 年 (1936) 和闐鈔票壹兩正面

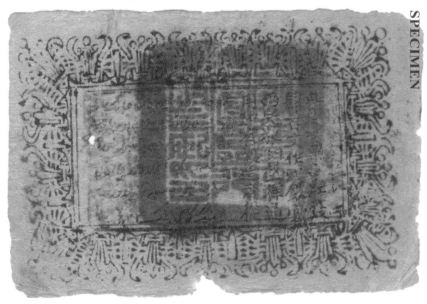

❖ 圖 2-77 民國 25 年 (1936) 和闐鈔票壹兩背面

三、專家評美

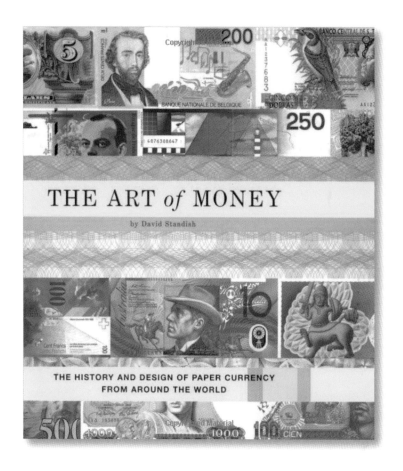

　　《金錢的藝術 (The Art of Money)》是美國大衛 · 斯坦迪什 (David Standish) 所著，2000 年 3 月初版，目前已再版多次。它是美國賓州銀行的高階主管，收藏各國鈔票並分析研究。這本圖文並茂的書，探索世界各地紙幣的歷史與設計。書中特別闢了一個章節，以他的認知列舉世界十大最美麗的鈔票，他提到若是紙幣設計得很漂亮，花起錢來會更加有樂趣。藉助鈔票方寸之美，成為推銷國家形象最好的宣傳手法。

讓我們好好地欣賞 David Standish 所推薦十大最美的鈔票：

第 1 名：法屬領土玻里尼西亞 (French Polynesia)10,000 法郎

　　法屬南太平洋玻里尼西亞的塔希提島，是著名的旅遊勝地，每一日享受著映入眼簾的海天一色。鈔票正、背面（圖 2-78、2-79）均有樸實純真的女郎，背景有色彩艷麗的熱帶魚，悠游於海水之間，也有南太平洋風情的建築，彷彿在和風吹拂的海邊，過著慵懶的時光，這就是人間天堂。

❖ 圖 2-78 法屬領土玻里尼西亞的 10,000 法郎正面

❖ 圖 2-79 法屬領土玻里尼西亞的 10,000 法郎背面

第 2 名：馬爾地夫 50 羅非亞

　　馬爾地夫 (Maldives) 是由珊瑚礁所構成，人們靠著捕魚、種植椰子以及觀光來維持生活，島與島間的交通是使用俗稱的多尼船 (Dhonis)，當地的傳統市集有各類工藝品及紀念品。島上的椰林樹影（椰樹是馬爾地夫的國樹）。清澈海水與白沙，就像是人間最後樂園。一島一飯店加上無與倫比的美麗景致，讓馬爾地夫成為高私密度蜜月的首選。2015年美國雜誌《旅遊與休閒》(Travel + Leisure) 將馬爾地夫選為世界三大最美麗島嶼。政府所發行的 50 羅非亞 (Rufiyaa) 鈔票（圖 2-80、2-81）深刻流露當地風情。

❖ 圖 2-80　馬爾地夫 50 羅非亞鈔票正面

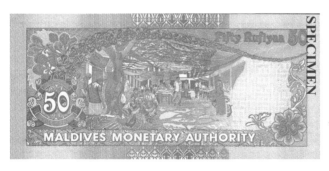

❖ 圖 2-81　馬爾地夫 50 羅非亞鈔票背面

第 3 名：聖多美和普林西比民主共和國 50,000 多布拉

聖多美和普林西比民主共和國由聖多美和普林西比 (St. Tome & Principe) 兩個島及環礁所構成，聖多美又稱復活節島，位於西非赤道，由於肥沃的火山土壤，使得當地盛產咖啡及可可。鈔票正面（圖 2-82）為當地特有的翠鳥羽毛艷麗及反對葡萄牙統治的民族英雄雷・印馬多爾 (Rei Amador)，如同台灣日據時代的廖添丁，擁有炯炯的眼神及山羊鬍子，鈔票背面（圖 2-83）則是當地首都的中央銀行。

❖ 圖 2-82 聖多美和普林西比民主共和國 50,000 多布拉 (Dobra) 鈔票正面

❖ 圖 2-83 聖多美和普林西比民主共和國 50,000 多布拉鈔票背面

第 4 名：瑞士 100 瑞士法郎

瑞士鈔票正面皆為瑞士文化界名人，此張鈔票正面（圖 2-84）為雕塑家及繪畫大師阿爾貝托・賈克梅蒂 (Alberto Giacometi, 1901-1966)，鈔票背面（圖 2-85）是賈克梅蒂的代表作《行走中的男人》、以及出自於自傳《夢──斯芬克斯與 T 之死》中的插圖。

人像雕塑特色為細長、單薄和骨瘦如柴的人，這種造型是他對二十世紀人的觀察而來，代表二十世紀人的孤寂和軟弱，他認為拉長的人型能夠真實呈現人類脆弱的靈魂。即便是二十一世紀的今日，活在真實世界的人們，每個人都是獨立個體，必須獨自面對無垠的空間。或許是他早已悟出現實的殘酷吧！

❖ 圖 2-84 瑞士 100 瑞士法郎鈔票正面

❖ 圖 2-85 瑞士 100 瑞士法郎鈔票背面

第 5 名：葛摩 5,000 法郎 (Frane)

葛摩（中國大陸譯為：科摩羅）為非洲印度洋上的島國南臨馬達加斯加，又稱非洲香料島，曾為法國的殖民地。鈔票正面（圖 2-86）為前總統賽義德 • 穆罕默德 • 喬哈爾 (Said Mohamed Djohar, 1918-2006) 像是慈祥的長者，其旁為著名的火山卡爾塔拉山（Mt. Karthala），鈔票背面（圖 2-87）是非洲的老樹，螺旋的線條精緻且細膩，有如夢境中虛幻的感覺。

❖ 圖 2-86 葛摩 5,000 法郎 (Franc) 鈔票正面

❖ 圖 2-87 葛摩 5,000 法郎鈔票背面

第 6 名：紐西蘭 5 元

　　紐西蘭位在澳洲東南方，由南、北島構成，南島多湖泊及冰河，北島多火山及溫泉。紙幣正面（圖 2-88）印的是埃德蒙 · 希拉里 (Edmund Percival Hillary, 1919-2008) 爵士，是 1953 年成功征服聖母峰的第一位探險家，又於 1958 年與探險隊橫穿南極洲，其鈔票上的顏色暗示著登峰的艱難，鈔票背面（圖 2-89）為紐西蘭黃眼企鵝 (Hoiho)。

❖ 圖 2-88　紐西蘭 5 元鈔票正面

❖ 圖 2-89　紐西蘭 5 元鈔票背面

第 7 名：庫克群島 3 元

　　庫克群島 (Cook Islands)，位於南太平洋上，由 15 個島嶼組成的群島，由英國庫克 (Cook) 船長發現，故名之，以旅遊、漁業為主。當地島上發展出一項特殊的南太平洋文化——對於生殖器官的崇拜，因此在鈔票背面（圖 2-90）為生殖女神的圖騰，鯊魚則是當地的象徵，鈔票正面（圖 2-91）為獨木舟及生殖男神。（韓國 Nate 網站票選本鈔票為世界最美第九名）

❖ 圖 2-90 庫克群島 3 元鈔票背面

❖ 圖 2-91 庫克群島 3 元鈔票正面

第 8 名：香港 10 元

香港 (Hong Kong) 又有東方之珠的美譽，也是全球金融中心，港幣（圖 2-92、2-93）的圖紋具有無限的未來感，紫與藍的混搭使色彩繽紛，新的防偽設計更是令人耳目一新，是典型的抽象設計 (Geometric designs) ——反映香港建築藝術及多采多姿的文化活動。此鈔在 2009 年國際貨幣事務聯合會 (IACA) 上被選為最先進防偽技術七張之一。

❖ 圖 2-92 香港 10 元鈔票正面

❖ 圖 2-93 香港 10 元鈔票背面

第 9 名：冰島 5,000 克朗

冰島 5,000 克朗 (Kronor) 鈔票正面（圖 2-94）是一位著名的裁縫師，拉格希爾 · 榮斯蒂爾 (Ragnheiður Jónsdóttir, 1646-1715) 被認為是婚姻最幸福及刺繡之典範，鈔票背面（圖 2-95）為榮斯蒂爾正在教兩名學生之情景，她對冰島的刺繡文化有相當貢獻，鈔票正背面均有刺繡花邊的圖案，色彩與線條豐富綺麗，令人久久不能自已。

❖ 圖 2-94 冰島 5,000 克朗鈔票正面

❖ 圖 2-95 冰島 5,000 克朗鈔票正面

第 10 名：法羅群島 500 克朗

　　法羅群島 (Faeroe Islands) 是丹麥海外自治領地，處在冰島及挪威中間，人口約五萬人，自行發行鈔票，目前流通之鈔票受到愛鈔者的高度肯定。500 克朗 (Kroner) 鈔票正面（圖 2-96）是一隻在海灘上的螃蟹，以強而有力的的一對大鉗、橫行沙灘。其線條粗厚深重有別，用手觸摸其鈔票有凹凸顆粒感，印紋細膩。鈔票背面（圖 2-97）為一幅水彩畫，是海內森 (Zacharias Heinesen，1936-) 的荷芬娜森迪 (Hvannasundi) 漁港景色，灰綠香襯，相得益彰，讓一個小小的島嶼躍身世界舞台，真是「小兵立大功」。

❖ 圖 2-96　法羅群島 500 克朗鈔票正面

❖ 圖 2-97　法羅群島 500 克朗鈔票背面

四、年度選美

CHAIRMAN   DIRECTOR

1 JANUARY 2009

160042

　　世界紙幣協會 (International Bank Note Sciety，簡稱 IBNS)，成立於 1961 年，它是一個非營利組織，其目標是促進全球紙幣的研究、知識和教育，IBNS 在 90 多國，擁有 2,000 名以上的成員。該協會從 2005 年至今，每年會對世界各國前一年發行的紙幣進行公開投票，根據設計理念、防偽技術、藝術價值以及外觀圖案（顏色、對比度、平衡）等要素，選出「年度鈔票 (banknote of the year)」。可說是紙幣界的奧斯卡，人稱「100 平方公分的美學戰場」。

以 2014 年度世界最佳紙幣評選為例：

提名工作於 2015 年 3 月 29 日正式結束，共有 12 張獲得提名入圍。

1. 波蘭 20 茲羅提 (Zloty)（波蘭軍團百年塑膠紀念鈔），由第 161 號終身會員 David White 提名；

2. 千里達及托巴哥 50 元 (Dollar)（央行 50 週年紀念流通鈔），由第 6391 號會員 Claudio Marana 提名；

3. 法屬太平洋領地 5,000 法郎 (Franc)，由第 10843 號會員 Steven Bron 提名；

4. 以色列 50 新謝克爾 (New Shekel)，由第 10823 號會員 Radek Janousek 提名；

5. 泰國 500 銖 (Baht)，由第 10249 號會員 Russell Waller 提名；

6. 科威特 10 第納爾 (Dinar)，由第 7962 號會員 Owen Linzmayer 提名（Owen Linzmayer 是著名的《紙幣新聞網》站長、《Banknote Book》紙幣目錄主編）；

7. 維德角 1,000 埃斯庫多 (Escudo)，由第 9984 號會員 David Lok 提名；

8. 哈薩克 1,000 堅戈 (Tenge)，由第 10724 號會員 James Zhou 提名；

9. 多明尼加 2,000 比索 (Peso)，由第 126 號終身會員 Thomas Augustsson 提名；

10. 萬那杜 2,000 瓦圖 (Vatu)，由第 10993 號會員 Jason Lutz 提名；

11. 突尼西亞 5 第納爾 (Dinar)，由第 86 號終身會員 Christof Zellweger 提名；

12. 澳門 10 圓，由第 9297 號會員 Joakim Frostne 提名。

共是 9 張紙鈔、3 張塑膠鈔入圍，各占 75% 和 25% 的比例；流通鈔占 83.33、紀念鈔占 16.67%；從地域看，亞洲占 41.67%、歐洲占 8.33%、非洲、美洲及大洋洲均占 16.67%。

以下為提名的 12 枚鈔票之投票結果：

序號	鈔　　票	得票率
1	波蘭 20 茲羅提	4.39%
2	千里達及托巴哥 50 元	21.05%
3	法屬太平洋領地 5,000 法郎	10.53%
4	以色列 50 新謝克爾	18.42%
5	泰國 500 銖	7.89%
6	科威特 10 第納爾	3.51%
7	維德角 1,000 埃斯庫多	4.39%
8	哈薩克 1,000 堅戈	7.89%
9	多明尼加 2,000 比索	0.00%
10	萬那杜 2,000 瓦圖	1.75%
11	突尼西亞 5 第納爾	1.75%
12	澳門 10 圓	18.42%

最後於 2015 年 4 月底選出 2014 年度最佳紙鈔為千里達及托巴哥 50 元，其次為以色列 50 新謝克爾及澳門 10 圓。

以下依次介紹 2004 年至 2015 年世界紙幣協會票選年度最佳紙鈔。

2004 年：加拿大的旅程

首屆年度鈔票，是由 2004 年加拿大銀行發行的 20 元鈔票獲選，是以「加拿大的旅程」為主題，五枚套鈔中的第四枚。新鈔即以精美的圖案，以及許多現代防偽技術，包括雷射金屬條 (holographic stripe)、新式浮水印、變色安全線、螢光標記等，贏得桂冠。

以柔和的綠色為主色調，它象徵生命力與和諧力，這張鈔票所有顏色的搭配都非常成功。

鈔票正面（圖 2-98）印有英國女王伊莉莎白二世的肖像，精緻的人像雕刻與柔和的灰階色調，將女王的威儀與慈祥表現得非常自然。鈔票背面（圖 2-99）展現早期印地安人的場景，運用加拿大雕刻家比爾‧瑞德 (Bill Reid，1920-1998) 於 1986 年創作的雕塑作品《海達群島之精神 (The Spirit of Haida Gwaii)》及木雕《烏鴉和人的誕生 (Raven and The First Men)》。《海達群島之精神》是相當大的雕塑作品，這件作品取材自原住民傳說，獨木舟中央最突出的人物，是戴著編織帽與海達斗篷的巫師，周圍坐了各種與海達傳說有關的動物與人類，象徵各種生物的依存關係與自然環境的不可預測。《烏鴉和人的誕生》這件作品，同樣是源自海達傳說。傳說中，有一天烏鴉獨自在海灘發現了一個奇特的貝殼，貝殼裡有人類，於是牠半哄半騙這些人類離開貝殼和牠一起玩耍，這些人類便成為第一批海達人。瑞德雕刻這些小人從貝殼縫裡探出頭的各種模樣，生動有趣。

2005 年：水彩揮灑法羅島

法羅群島 (Faroe islands)2005 年發行的 1000 克朗紙鈔，以新穎的設計、優美的質感，植上折光變色安全線及單面光影薄膜，堪稱盡善盡

❖ 圖 2-98 加拿大 20 元鈔票正面

❖ 圖 2-99 加拿大 20 元鈔票背面

美，獲選為年度鈔票。

　　新鈔的正面（圖 2-100）以法羅群島的紫鷸為主題，看到一大群飛鳥和特寫翅膀，雕工細膩精緻，呈現出羽毛的豐富層次感。鈔票背面是珊多伊 (Sandoy) 海濱風光（圖 2-101）由當地藝術家海內森 (Zacharias Heinesen, 1936-) 所創作的法羅風景水彩畫。在這張 1,000 克郎新鈔中，海內森運用水彩渲染的效果，描繪遠方礁石的岩體，近景則以乾擦的筆觸描繪白浪與沙灘上的反光，乾濕對比的流暢筆法，營造出水彩的透明

❖ 圖 2-100　法羅群島 1,000 克朗鈔票正面

❖ 圖 2-101　法羅群島 1,000 克朗鈔票背面

感。法羅群島的新鈔，沒有其他紙鈔常見的繁複紋飾，反而利用印刷技術來呈現原畫的水彩韻味，在設計及印刷，別具一格，灰紅印刷，剛柔並濟，讓紙鈔本身宛如小幅畫作一般，令人賞心悅目。

2006 年：印度洋的逍遙

　　2006 年的年度鈔票，由葛摩聯盟（Comoros，中國大陸稱：科摩羅群島）的 1,000 法郎獲選。葛摩聯盟 1975 年自法國獨立，是位於西印度洋的小國，在莫三比克和馬達加斯加島之間。

鈔票的正面（圖 2-102），是一尾有「活化石」之稱的空棘魚（又稱腔棘魚，Coelacanth），下方則是葛摩聯盟群島鳥瞰圖。葛摩聯盟信奉伊斯蘭教，但是也深受法國文化的影響。鈔票正面與反面（圖 2-103）的角落各有一段用法語寫成的詩句，詩句摘錄自當地著名詩人埃爾哈德 (Mab Elhad) 的作品。

正面詩句描述著戀人的情感：

「我了解妳想要的是什麼感覺：

　一個沒有責難、完全獨占的愛情。

　為了不失去妳，我衷心地同意，

　這將是我們這個時代前所未見的愛情。

（J'ai compris ce que tu attends de nos sentiments.

　Un amour sans reproche, exclusivement réciproque.

　Pour ne pas te perdre, j'y consens fidèlement.

　Ce sera un amour sans égale à notre époque.）」

這張新鈔以精緻、新穎、細膩、品味榮獲 2006 年最佳新鈔。

❖ 圖 2-102 葛摩聯盟 1,000 法郎鈔票正面

背面詩句則歌詠了印度洋：

「我主張這些不同的身分都是我們的；

　如果我的語言是彩虹，

　也是為了讚嘆宛若母親的印度洋。

　那充滿歡樂的波濤，

　它的遺世獨立帶來了富饒與喜悅…

（*Je revendique cette identité multiple*

　Qui est notre

　Et si ma langue est arc en ciel

　C'est pour mieux saluer cette mere Océan-indienne

　Mer aux vagues de plaisirs.

　Où l'insularité porte en elle abondance et joie…）」

葛摩男子在印度洋上的獨木舟，在蔚藍的海洋上與世無爭，彷彿那悠遊水中的空棘魚，自在逍遙。

❖ 圖 2-103　葛摩聯盟 1,000 法郎鈔票背面

2007 年：小說家與升船機

　　蘇格蘭銀行發行的 50 鎊，榮獲 2007 年的年度鈔票。鈔票正面（圖 2-104）是英國歷史小說家沃爾特・史考特 (Walter Scott，1771-1832) 的肖像。史考特是英國著名的歷史小說家與詩人，擅長描寫中世紀英格蘭和蘇格蘭的社會生活，對於英國歷史小說之建立影響深遠。他自幼小兒麻痺，靠著不斷努力，終成一代文史大家。鈔票背面（圖 2-105）則如拼貼畫般，多角度呈現蘇格蘭的福爾柯克輪 (Falkirk Wheel)。福爾柯克輪是世界上唯一的旋轉升船機，2002 年開通，位於蘇格蘭中部福爾柯克鎮附近，連接福斯克萊德運河 (Forth and Clyde Canal) 和聯盟運河 (Union Canal)。兩條運河交會處地勢高低相差 35 公尺，原本船隻通過必須透過蓄水閘道，相當耗時。新式的福爾柯克輪完工後，約只需十餘分鐘，船隻就可以透過旋轉升船機上升到另一條運河，省時又便利，也讓人讚嘆工程技術的日新月異。由於水道落差大，若採用巴拿馬運河「上梯與下梯」的方式，非常耗費時間。而升船機節省船的升降時間，這也是世界唯一的旋轉升船機。

❖ 圖 2-104　蘇格蘭 50 鎊鈔票正面

❖ 圖 2-105　蘇格蘭 50 鎊鈔票背面

2008 年：薩摩亞的鳥語花香

　　薩摩亞 (Samoa) 是南太平洋的小島國，位置約在夏威夷與紐西蘭之間、美屬薩摩亞的西方，原稱西薩摩亞，和東邊的美屬薩摩亞遙望相對。薩摩亞屬熱帶雨林氣候，各島山巒起伏，多火山。

　　薩摩亞的 20 塔拉 (Tala) 獲選為 2008 年的年度鈔票，它溫暖的黃底色，以及搭配的各種鮮豔色調，讓人印象深刻。鈔票正面（圖 2-106）的瀑布，是高達 220 公尺的希那羅亞瀑布 (Sinaloa Waterfall)。它是薩摩亞最高的瀑布，在茂密的森林之中，宛若柳暗花明的桃花源，讓探險的旅人不禁讚嘆大自然的鬼斧神工。

　　鈔票背面（圖 2-107）則印有齒鳩與紅花月桃。齒鳩，又名齒嘴鳩，當地人稱為 Manumea，只分佈在太平洋薩摩亞內人煙稀少的森林，是薩摩亞的國鳥。紅花月桃，又名紅薑花，當地人稱為 Teuila，是薩摩亞國花，鮮豔奪目。（註：國鳥與國花同時出現在鈔票上，相當罕見。）

❖ 圖 2-106 薩摩亞的 20 塔拉鈔票正面

❖ 圖 2-107 薩摩亞的 20 塔拉鈔票背面

2009 年：繽紛百慕達

百慕達 (Bermuda) 位於北大西洋，是英國歷史相當悠久的海外自治領地。由於百慕達和美國佛羅里達州南端、美屬波多黎各所形成的三角區海域，海象惡劣，長期以來在許多傳聞的流傳下，被人以為是不祥之地，甚至有「惡魔群島」之稱。其實百慕達不僅有暖和的氣候、優美的海灘，現在還是許多企業主的避稅天堂呢。

2009 年是百慕達群島歸屬英國 400 年，百慕達貨幣金融局在 2008 年時著手設計一系列新鈔以資紀念。獲選為年度鈔票的百慕達 2 元新鈔，以藍色調作為主色調，搭配淡紫、粉紅、淡綠、淺棕等顏色，顯得繽紛又淡雅。鈔票正面（圖 2-108）最醒目的圖案，是一隻停在枝葉上的東方藍雀（Eastern Bluebird）。鈔票背面（圖 2-109）的建築，是英國皇家海軍造船廠 (Royal Naval Dockyard) 的船塢、鐘樓和持有三叉戟的海神尼普頓 (Neptune) 塑像。鈔票正面左下角還印有小小淡藍色的英國女王伊莉莎白二世 (Elizabeth II) 側面肖像，不知道你是否有注意到？

這張以花鳥及建物為題材的新鈔，採用「紙基塑料」薄膜技術，加強防偽。主要圖案均凹版印刷，設計布局有層次感，也代表了百慕達的旅遊資源和自然風貌，順理成章榮獲 2009 年世界年度最佳紙幣。

❖ 圖 2-108 百慕達 2 元鈔票正面

❖ 圖 2-109 百慕達 2 元鈔票背面

2010 年：烏干達原野風光

烏干達 (Uganda) 是位在東非的內陸國家，雖然過去半個世紀經歷許多動亂與政權更迭，但是美麗的自然景致與野生動物，讓它有「非洲明珠」之美譽。獲選為 2010 年度鈔票的烏干達 50,000 先令 (Shilling) 新鈔，將烏干達的人文歷史與自然生態，巧妙地融合在紙鈔的圖案中。

鈔票背面（圖 2-110），由近而遠的數隻山地大猩猩構成生動的畫面，中間最大隻的山地大猩猩，獸毛刻劃細膩，姿態雄壯威武，其背後有烏干達地圖。右方的雕塑作品，是 1962 年時，為了慶祝烏干達脫離英國統治而獨立，所特地製作的「獨立紀念碑 (Independence Monument)」；鈔票正面（圖 2-111）中央，是布恩迪國家公園 (Bwindi Impenetrable National Park) 的森林景觀。布恩迪森林保存許多珍貴的自然生態，包括瀕臨絕種的山地大猩猩（Silver back mountaingorillas，銀背猩猩），因此被聯合國教科文組織列為世界遺產之一。左側的三人行是為迎接大英國協首腦會議 (CHOGM) 的「跨越紀念碑」(Stride Monument)。整張鈔票運用了各種烏干達代表性的自然、人文景觀，充滿非洲原野特色。

❖ 圖 2-110 烏干達 50,000 先令鈔票背面

❖ 圖 2-111　烏干達
50,000 先令鈔票正面

這張新鈔以黃金主色調陪襯棕色的高超色彩運用，撼動人的內心。加上內容描繪、安全防偽、極致的整體綜效，使他大受歡迎，終受激賞。

2011 年：繁榮、願景、哈薩克

2011 年正值哈薩克共和國 (Kazakhstan) 獨立 20 週年，該年度發行的 10,000 堅戈 (Tenge) 精美新鈔，讓它榮膺年度鈔票。這款新鈔正反兩面採用不同方向的設計圖樣：正面垂直，背面則是水平的。它是第一枚來自亞洲的鈔票，也是第一次由紀念鈔獲得。

鈔票以位於首都阿斯塔納 (Astana) 的許多重要建築為設計元素。鈔票正面（圖 2-112）的右邊，是高達 91 公尺的哈薩克民族紀念碑 (Kazakh Eli Monument)，碑頂豎立著傳說中的神鳥薩姆魯克 (Samruk)。鈔票正面凌空飛起的鴿群，造型轉化運用自和平和解宮 (The Palace of Peace and Reconciliation) 玻璃帷幕上的設計，象徵迎向和平的願景。鈔票背面（圖 2-113）的建築物，則是哈薩克總統府。哈薩克總統府造型上與美國白宮頗有神似之處，最大的不同點則是在中央頂部增加了藍色穹頂和金色尖頂。建築物後面呈現出哈薩克國土的輪廓線。（註：旅遊網站「When on earth」選出全球最有特色 13 座總統府，其中哈薩克總統府入選其中。）

❖ 圖 2-112 哈薩克 10,000 堅戈鈔票正面

❖ 圖 2-113 哈薩克 10,000 堅戈鈔票背面

2012 年：哈薩克金武士

2012 年的年度鈔票寶座又由哈薩克蟬聯，讓人不得不好奇這個中亞新興國家的鈔票，究竟有何神奇的魅力。這張 5,000 堅戈新鈔在布局上與前一年獲選年度鈔票的新鈔有相似之處，例如哈薩克民族紀念碑、飛翔的和平鴿、哈薩克國土輪廓等元素，比較不同之處，除了整體色調以橘、紅、褐等暖色調為主，正面（圖 2-114）圖像融入了雪豹造型，背面（圖 2-115）則是以全國第一大城阿拉木圖 (Almaty) 代表建築如獨立紀念碑 (The Symbol of Independence)、哈薩克飯店 (Hotel Kazakhstan) 為圖像，並搭配哈薩克連綿的山巒與草原為遠景。此山為天山山系的阿拉套山 (Zailijsky Alatau)

鈔票背面右方的雕像，是位於阿拉木圖市的獨立紀念碑，高約 28 公尺，頂部的雕像被稱為「金武士 (Golden Warrior)」，手持弓箭與老鷹，站在有翅膀的雪豹上，氣宇軒昂。「金武士」其實大有來頭！1969 年阿拉木圖郊外的古墓發現一具穿著黃金盔甲的武士，估計可能是西元前二、三世紀的一位王子，該墓同時出土許多珍貴文物，相當具有歷史意義，是哈薩克的重要考古發現。整張鈔票許多細節都十分講究，即使只是鈔票上面的小徽章，也運用精美的金色油墨，營造出浮雕的質感，美不勝收，令人嘆為觀止。

❖ 圖 2-114 哈薩克 5,000 堅戈鈔票正面

❖ 圖 2-115 哈薩克 5,000 堅戈鈔票背面

2013 年：哈薩克闕特勤碑

2013 年哈薩克完成了年度鈔票三連霸的創舉，是空前，可能也是絕後，精美紙鈔，歷史見証。奠定了它在國際鈔票設計領域的重要地位。這張鈔票的設計，承襲了哈薩克近年來一系列新鈔的傳統，包括各種新穎防偽設計的運用、豐富而具有層次的圖像設計，以及哈薩克民族紀念碑、飛翔的和平鴿等視覺元素。

不過，比較與眾不同的是，這款新鈔瀰漫著濃厚的考古風。鈔票正面（圖 2-116）是闕特勤 (Kul Tigin) 的頭像，鈔票背面（圖 2-117）則是知名的《闕特勤碑 (Kul Tigin Monument)》、毗伽可汗陵墓出土的鎏金銀鹿，以及突厥時期勇士出征的岩石雕刻圖像。闕特勤是西元七、八

世紀東突厥毗伽可汗的弟弟，他在四十幾歲的壯年時過世，曾遣使與唐朝修好，死後唐玄宗撰文悼念，並派工匠為其修立《闕特勤碑》。《闕特勤碑》是在 19 世紀末由俄國學者在蒙古發現的，由於碑文以突厥文、漢文描述了許多當時的歷史，遂成為研究突厥文化的重要史料。

雖然《闕特勤碑》並未在哈薩克境內，但是哈薩克與突厥文化有濃厚的淵源，以此做為鈔票主題，頗有傳承民族文化的意味，試圖讓人們憶起那曾經馳騁於中亞草原的歷史榮光。

❖ 圖 2-116 哈薩克 1,000 堅戈鈔票正面

❖ 圖 2-117 哈薩克 1,000 堅戈鈔票背面

2014 年：千里達及托巴哥建國 50 年

千里達及托巴哥共和國 (Republic of Trinidad and Tobago) 是位於中美洲加勒比海南部、委內瑞拉外海的島國，主要由兩個大島（千里達、托巴哥）和 21 個小島組成，其中人口大部分集中在千里達島上。

獲選為 2014 年度鈔票的千里達及托巴哥 50 元，正面（圖 2-118）印有「慶祝特立尼達和多巴哥中央 50 週年 (1964-2014)」字樣，左側為國徽。國徽盔飾上的錨代表著航海的重要性，盾中可見得兩隻蜂鳥及三艘哥倫布的船，而共同支撐盾的左方是千里達的猩猩朱鷺和托貝哥的鳳冠鳥，鈔票中間是一朵紅色的木槿花，右側則融入了一隻飛翔的紅頂蠟嘴鵐 (red-capped cardinal bird)，象徵著柔韌與團結。

鈔票背面（圖 2-119）中間為千里島首都西班牙港的埃里克・威廉金融大樓 (Eric Williams Financial Complex)；右側是一位身著狂歡節服裝的當地女性，展現當地的風俗民情，也代表著該國家的人民是多麼的美麗，花卉如此的多元。終在世界眾多紙幣中脫穎而出，榮膺桂冠。

❖ 圖 2-118　千里達及托巴哥 50 元鈔票正面

❖ 圖 2-119　千里達及托巴哥 50 元鈔票背面

2015：首登聖母峰第一人

2015 年世界年度最佳鈔票是紐西蘭 5 元鈔票，它是 1999 年的升級版。紐西蘭鈔票傾注設計師的靈感，也了結合高超印刷技術。他曾在《金錢的藝術 (The Art of Money)》一書晉入世界第六強，而新版加強了防偽，色彩採用藍色及橘色，有對比立體效果，榮獲 2015 年年度鈔票首獎，實至名歸。

鈔票正面（圖 2-120）為紐西蘭登山探險家艾德蒙‧希拉里 (Edmund Hillary)，他於 1953 年首位成功攀登聖母峰。鈔票背面（圖 2-121）為紐西蘭南島特有品種黃眼企鵝 (Hoiho)

❖ 圖 2-120 紐西蘭 5 元鈔票正面

❖ 圖 2-121
紐西蘭 5 元
鈔票背面

　　喜好世界鈔票者都知道成立超過半世紀的「世界紙鈔協會 (International Bank Note Society, IBNS)」，也很關心每年選出的「年度鈔票 (Banknote of Year)」。最近再成立一家「世界貨幣事務協會 (International Association of Currency Affairs, IACA)」，範圍包括紙鈔及硬幣，每一年半在不同國度舉辦一次峰會，頒佈各項獎項，包括「年度最佳套鈔獎 (Best New Banknote Series Award)」，這些套鈔在我的著作亞洲、歐洲、非洲、美洲及大洋洲鈔票故事館中都可看到其真面目，進而鑑賞它，並列表陳述之。

時間	峰會地點	年度最佳套鈔獎	金額系列
2008	捷克 · 布拉格	委內瑞拉新鈔系列	2、5、10、20、50、100
2010	阿根廷 · 布宜諾斯艾利斯	蘇格蘭新鈔系列	5、10、20、50、100
2011	美國 · 華盛頓	烏干達新鈔系列	1,000、2,000、5,000,10,000、20,000、50,000
2013	希臘 · 雅典	加拿大新鈔系列	5、10、20、50、100
2015	加拿大 · 溫哥華	科威特新鈔系列	1/4、1/2、1、5、10、20

參 舞蹈篇
舞春風 · 弄清影 · 鈔越新視界

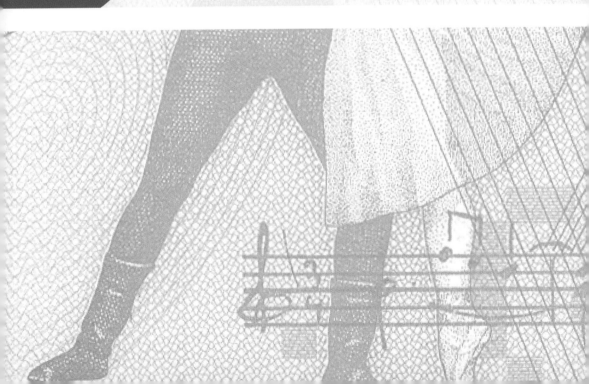

本書是以繪畫及雕塑為主軸，每一張都是一場微妙的邂逅，每一鈔皆為一次品味的交流，而鈔票上有若干「舞蹈」的情景，引領心靈悸動，也屬於美的一環，特在本書簡述之。

　　舞蹈比繪畫和雕塑更具活力，只不過舞蹈是活動的表演藝術，繪畫、雕塑是屬於靜止的造型藝術，舞蹈能使靜止的繪畫和雕塑活動起來，由靜轉為動，由止變為行，貫之以有規律的節奏，使孤立的一幅幅畫面和一尊尊雕像連結起來，使處於靜態下的色彩及線條動了起來，將「死」的體態變為栩栩如生「活」的形象，把舞蹈的深層含義或靈魂，轉變為強烈的運動或輕柔的心靈藝術。但也因繪畫及雕塑是「靜態」，所以會留下作品，而成為千古珍寶；舞蹈的藝術魅力，它是活的雕塑、動的畫卷，但也因舞蹈是「活存」、「動態」，常由絢爛奪目歸於無影無跡、煙消雲散。

　　沒有人體動作也就是沒有舞蹈，人體動作的美來自人體的線條、柔韌、動作的方向、手勢、面部表情、舞姿造型等。舞蹈是一種綜合性的藝術，結合了文學、音樂、美術、戲劇、武術、體操等元素。

　　舞蹈可以讓人感受美、識別美、鑑賞美、表現美和創造美。「美」體現在舞蹈的每一部分、每一環節。美的人情、美的人性、美的人格、美的場景、美的形象，都在舞蹈中盡情發揮。

　　以下是世界鈔票中出現「舞蹈」之代表作，為《鈔票的藝術》平添更多藝術成分（其中以斯里蘭卡全套鈔票都是舞蹈，尤其令人驚艷）。

　　若對鈔票上之舞蹈有所通曉，也期待補充，共襄盛舉，無任感禱。

歐洲
Europe

芭蕾舞是一種編舞及音樂舞蹈，起源於十五世紀義大利文藝復興的宮廷，隨後在法國及俄羅斯發揚光大。現有各國流派及各風格流派，有其舞裙、髮飾、舞鞋，便於旋轉，輕盈欲飛。

❖ 圖 3-1 白俄羅斯芭蕾舞（由 E.A Glebov 編劇，劇名──最愛）

亞洲
Asia

❖ 圖 3-2　亞美尼亞加亞涅 (Gayane) 組曲的馬刀舞（類似中國滿江紅，充滿
　　國仇家恨，壯烈激昂）背後的山就是舊約諾亞方舟的亞拉獵山 (Ararat)，
　　是亞美尼亞的聖山，今為土耳其佔領。

❖ 圖 3-3 印尼達雅 (Dayah) 族舞──手執竹杖，動作矜持，質樸優美

❖ 圖 3-4 斯里蘭卡維斯舞 (Ves dance)
　──神祭會上表演的主要舞蹈

❖ 圖 3-5 斯里蘭卡南部傳統舞蹈
Vadiga Patuna

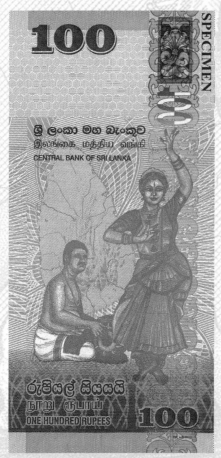

❖ 圖 3-6 斯里蘭卡印度四大古典舞
　 蹈之一的婆羅多舞 (Bharatanatyam
　 dance)

❖ 圖 3-7 斯里蘭卡康提舞中的 Thelme
　 舞蹈，有敬神佛、求賜福的舞蹈，
　 亦有模仿動物神態的舞蹈。

❖ 圖 3-8　斯里蘭卡 Malpadaya 舞

❖ 圖 3-9　斯里蘭卡一名 Nagaraksha
舞者和一名 Guruluraksha 舞者

美洲
America

美洲的舞蹈大都男著長衣、長褲,暴露中胸;女著裙裝。服裝以展示肌肉線條為主。著名的舞蹈有恰恰、倫巴、森巴、捷舞及鬥牛舞。

❖ 圖 3-10　巴哈馬 Junkandoo 舞蹈

❖ 圖 3-11 尼加拉瓜精靈舞 (La Vaquita) ——馬那瓜人慶祝守護神節

❖ 圖 3-12 尼加拉瓜五月之樹舞蹈 (Mayo Ya Festival) ——源於加勒比海岸的
黑人區

❖ 圖 3-13 尼加拉瓜民俗芭蕾舞 (Folkloristic ballet)

❖ 圖 3-14 尼加拉瓜諷刺劇 (El Güegüense) ──以拉丁美洲殖民時代為背景

❖ 圖 3-15 烏拉圭狐步舞 (Baile Antiguo)

大洋洲
Australasia

❖ 圖 3-22 所羅門群島排簫舞蹈

❖ 圖 3-23 薩摩亞火把舞

❖ 圖 3-24 庫克群島草裙舞

276   鈔票的藝術

非洲
Africa

非洲的人民，男女老幼都能歌善舞，每逢婚喪喜慶都通宵達旦地跳舞；平時空閒，一聽鼓聲或樂曲，便情不自禁扭動身子跳起來，自小就養成跳舞習慣。

❖ 圖 3-16 剛果 Pende 舞蹈

❖ 圖 3-17 奈及利亞鼓舞

❖ 圖 3-18 奈及利亞動物舞（中國的舞龍、舞獅亦算動物舞）

❖ 圖 3-19 莫三比克勇士舞

❖ 圖 3-20 蒲隆地英托利舞

❖ 圖 3-21　史瓦濟蘭 Incwala 蘆葦節舞

　　美學包含文學、音樂、繪畫、雕塑、舞蹈、建築、戲劇、電影等八大藝術，各有其特色與表現法，其中無形的張力似乎都能觸動人心，讓人驚嘆不已，而每一種美學領域裡還有更高層次的專業知識和探討空間，培養美學的鑑賞力就成了一件不容易的事。

　　以本書《鈔票的藝術》去培養基本美學的素養，而當有一定的鑑賞程度之時，再去專研單一領域便可較容易入門。相信培育出基本的美學素養與認知，假以時日，你便能於自己的專業領域中尋出自己獨到的鑑賞力，去昇華自我、感動別人。

肆

文學篇

吟詩詞 · 詠美景 · 票中忒多情

一、作者推薦
最美的套鈔

如同本書前文的繪畫、雕塑及舞蹈直接置入鈔票上，同樣，我們亦可將文學上的詩詞放進鈔票中。

❶ 日本 2000 年發行的 2,000 日圓

　　日本 2,000 日圓鈔票背面（圖 4-1）右下角有一首日文詩，譯文請見本書繪畫篇之日本部分 (p72)。

❖ 圖 4-1　日本 2,000 日圓鈔票背面

➋ 葛摩 2006 年發行的 1,000 法郎背面

　　葛摩 1,000 法郎鈔票正面（圖 4-2）左下角有一首法文詩，譯文請
見本書 IBNS 2006 最佳年度鈔票 (p247)。

❖ 圖 4-2 葛摩 1,000 法郎鈔票正面

❸ 毛澤東誕辰 120 周年發行紀念代鈔

　　毛澤東紀念代鈔正面（圖 4-3）是 1949 年天安門舉行開國大典的毛澤東，鈔票背面（圖 4-4）是毛澤東詩詞中最負盛名的《沁園春・雪》：

『北國風光，千里冰封，萬里雪飄。望長城內外，惟餘莽莽；
　大河上下，頓失滔滔。山舞銀蛇，原馳臘象，欲與天公試
　比高。須晴日，看紅裝素裹，分外妖嬈。

江山如此多嬌，引無數英雄競折腰。惜秦皇漢武，
略輸文采；唐宗宋祖，稍遜風騷。一代天驕，成吉思汗，
只識彎弓射大鵰。俱往矣，數風流人物，還看今朝。』

　　這闕《沁園春・雪》，乃毛澤東於 1936 年所寫。它是毛澤東所流傳於人間數十首詩詞之中最為出色的一首，其詞豪放雄渾，意境高超，除道盡了北方的壯麗雪景外，還流露出傲視天下與自負的氣概，確實稱得上是神來妙筆，文筆中流露相當霸氣。

❖ 圖 4-3 毛澤東誕辰 120 周年發行紀念代鈔正面

❖ 圖 4-4 毛澤東誕辰 120 周年發行紀念代鈔背面

❹ 1996 年蘇格蘭 5 鎊，紀念詩人伯恩斯

此鈔票係蘇格蘭在 1996 年發行，紀念詩人羅伯特 • 伯恩斯 (Robert Burns, 1759-1796) 逝世 200 周年（圖 4-5）。背景左上方有一首詩，選自伯恩斯的〈A Man's A Man For A' That〉的節錄。

「Then let us pray that come it may,

(As come it will for a' that,)

That Sense and Worth, o'er a' the earth,

Shall bear the gree, an' a' that.

For a' that, an' a' that,

It's coming yet for a' that,

That Man to Man, the world o'er,

Shall brothers be for a' that.」

❖ 圖 4-5 伯恩斯逝世 200 周年紀念鈔正面

二、畫出詩詞的鈔票

Kacau ni Gau

將詩詞與世界各國相關的鈔票相互融合，相得益彰，茲以放置書房的一幅書法《聽雨》（圖4-6），詞牌為《虞美人》為例。

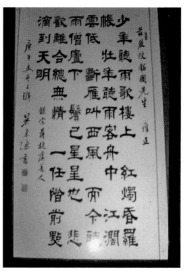

❖ 圖 4-6 虞美人書法

❶ 越南 50,000 盾鈔票

越南 2003 年版 50,000 盾鈔票背面（圖 4-7），猶如「少年聽雨歌樓上」的景象。

❖ 圖 4-7 越南 50,000 盾鈔票背面

❷ 不丹 100 元紀念鈔

不丹 2011 年版 100 元紀念鈔正面（圖 4-8），是國王新婚，男歡女愛，濃情蜜意，就如「紅燭昏羅帳」流露的款款情意。

❖ 圖 4-8 不丹 100 元紀念鈔正面

❸ 新加坡 1 元鈔票

新加坡 1987 年版 1 元鈔票正面（圖 4-9），宛如「壯年聽雨客舟中」的寫照。

❖ 圖 4-9 新加坡 1987 年版 1 元鈔票正面

❹ 北韓 50 元鈔票

　　北韓 1978 年版 50 朝鮮圓鈔票背面（圖 4-10），一幅「江闊雲低」的美麗風景。

❖ 圖 4-10　北韓 1978 年版 50 朝鮮圓鈔票背面

❺ 斐濟 20 元鈔票

　　斐濟 2013 年版 20 元鈔票正面（圖 4-11），大雁展翅飛越江面，猶如「斷雁叫西風」。

❖ 圖 4-11 斐濟 20 元鈔票正面

❻ 南韓 500 韓圓

南韓 1973 年版 500 韓圓（圖 4-12），綠樹環繞廟宇，一派寧靜，「而今聽雨僧廬下」的意境躍然紙鈔之上。

❖ 圖 4-12 南韓 500 韓圓鈔票

❼ 阿曼 5 里亞爾鈔票

　　阿曼 2000 年版 5 里亞爾 (Rials) 鈔票正面（圖 4-13）是蘇丹兼首相卡布斯 (Sultan Qaboos) 人像，鬢鬚斑白，恰似「鬢已星星也」的最佳寫照。

❖ 圖 4-13 阿曼 5 里亞爾鈔票正面

❽ 泰國 100 銖鈔票

　　泰國 2010 年版 100 銖（圖 4-14），右側為泰皇拉瑪九世蒲美薩Bhumibol 新婚盛典，中間為鑽石大婚，結婚一甲子的風風雨雨，道盡「悲歡離合總無情」（2016 年 10 月 13 日辭世，在位 70 年，享年 88 歲）。

❖ 圖 4-14　泰國 100 銖鈔票

❾ 法羅島 50 克朗鈔票

　　法羅島 2011 年版 50 克朗（圖 4-15），畫家 Heinesen 的《山雨》水彩畫，因一夜不能成眠，整晚聽到雨聲不斷，看到此畫，頓生「一任階前點滴到天明」的感受。

　　南宋蔣捷的這首《虞美人》藉著聽雨的情景，訴說他少年的風光，中年的飄泊及老年時嘗盡悲、歡、離、合後的心情變化。

　　以聽雨為媒介，將幾十年的時空相互融合，令人陶然沉醉；尤其詞中年輕的「上」、成年的「中」及垂老的「下」，道盡了人的一生。

❖ 圖 4-15　法羅島 2011 年版 50 克朗鈔票

國家圖書館出版品預行編目 (CIP) 資料

鈔票的藝術 / 莊銘國,呂松穎著.
-- 初版 .-- 臺北市 : 五南,2017.01
　面; 公分
　ISBN 978-957-11-8902-4(平裝)

1. 紙幣

561.5　　　　　　　　　　　　　105020334

博雅文庫 180

RA45
鈔票的藝術

作　　者　莊銘國、呂松穎
發 行 人　楊榮川
總 編 輯　王翠華
主　　編　侯家嵐
責任編輯　劉祐融
文字編輯　12 舟、劉天祥
封面設計　戴湘琦 Kiki
內文排版　theBand・變設計 ─ Ada
出 版 者　五南圖書出版股份有限公司
地　　址　106 台北市大安區和平東路二段 339 號 4 樓
電　　話　（02）2705-5066
傳　　真　（02）2706-6100
網　　址　http://www.wunan.com.tw
電子郵件　wunan@wunan.com.tw
劃撥帳號　01068953
戶　　名　五南圖書出版股份有限公司
法律顧問　林勝安律師事務所 林勝安律師
出版日期　2017 年 1 月初版一刷
定　　價　新臺幣 450 元